AI와 광고 영상 프로덕션의 변화

AI문고

인공지능 시대입니다. 기계가 인간의 인지를 대신하고, 사물이 인간을 통하지 않고 다른 사물과 직접 커뮤니케이션합니다. 이에 따른 인간 삶과 문명 변화를 정확히 이해·예측·대응하는 것은 이 시대 우리 모두의 과제입니다. AI문고는 인공지능 기술과 환경의 여러 주제를 10가지 키워드로 정리합니다. 관련 개념과 이론, 학계와 산업계의 쟁점, 우리 일상의 변화를 다룹니다. 인간과 기술의 현재, 미래를 세심히 분석합니다.

일러두기

- 인명, 작품명, 저서명, 개념어 등은 한글과 함께 괄호 안에 해당 국가의 원어를 병기했습니다.
- 외래어 표기는 현행 어문규정의 외래어표기법을 따랐습니다. 다만 '딥러닝', '딥마인드', '딥페이크' 등은 관행을 따랐습니다.

처음이세요?

전문가세요?

AI와 광고 영상 프로덕션의 변화

이구익·문지웅

대한민국, 서울, 커뮤니케이션북스, 2024

AI와 광고 영상 프로덕션의 변화

지은이 이구익·문지웅
펴낸이 박영률

초판 1쇄 펴낸날 2024년 9월 30일

커뮤니케이션북스(주)
출판 등록 2007년 8월 17일 제313-2007-000166호
02880 서울시 성북구 성북로 5-11
전화(02) 7474 001, 팩스(02) 736 5047
commbooks@commbooks.com
www.commbooks.com

ISBN 979-11-288-9974-4 03500

책값은 뒤표지에 표시되어 있습니다.

차례

AI는 광고와 영상 콘텐츠 제작에 어떠한 변화를 만드는가

유일하게 변하지 않는 한 가지가 있다면 모든 것은 변한다는 사실뿐이다. 이는 변화에 가장 민감한 광고 콘텐츠 · 영상 디자인 제작에 관해서도 그대로 적용되는 말이다. 특히 창의성의 산업이라 불리는 광고와 마케팅 쪽에서는 AI가 불러온 변화가 앞으로의 광고 콘텐츠와 영상 산업에 다양한 영향을 미칠 것으로 예측된다.

인공지능, 창의성과 기술의 본격적인 융합

시대마다 기술은 지속적으로 발전해 왔다. 인류가 오랫동안 지속해 온 지식의 축적은 과학을 토대로 한 새로운 미디어의 출현을 불러왔고, 이를 통해 지식을 학습하고 재생산하는 속도는 이전의 시대와 다르게 급속도로 발전하게 되었다. 미디어와 광고의 관계 역시 끊임없는 공생의 관계를 이어 왔다. 아날로그 광고를 대표하는 4대 매체인 TV와 라디오, 그리고 신문과 잡지의 영향력은 디지털을 대표하는 온라인 광고의 흐름에 따라 광고 콘텐츠의 형태가 변모하게 되었고 대중과 소비자 타깃에 미치는 영향력도 달라졌다. PC와 스마트폰을 중심으로 광고 영상의 콘텐츠의 길이와 형태가 달라졌고 다양한 아이디어에 따른 장르적 파괴와 새로운 시도들이 이어졌다. 여기에 판매 영역이 오프라인에서 온라인으로 급격히 변화함과 동시에, 광고 역시 판매 중심의 콘텐츠, 기술적인 부분이 접목된 광고 등 다양하게 발전하고 있다. 이러한 상황에서 AI의 출현은 기존 산업에 종사하는 전문가들에게는 새로움과 흥미만큼이나 두려움도 동시에 느끼게 한 것이 사실이다.

아무리 기술이 발달한다고 해도 아이디어는 인간 고유의 것이라 믿어 왔던 광고인들도 이제 아이디어나 카피라이팅, 이미지와 영상 제작이 AI 활용에 의해 한순간에 이뤄지는 것을 보고 다양한 반응을 보이고 있다. 적극적으로 변화를 받아들이며 AI를 활용하여 광고에 접목하는 쪽과 아직은 막연히 생각하며 기존 광고 산업의 흐름에 머물러 지켜보는 쪽으로 양분화된 양상이 보인다.

우리가 고민하고 현상의 변화에 주목하는 사이에도 AI는 빠르게 학습하고 업데이트되며 발전할 것이다. 이에 우리는 현재의 AI기술이 어디까지 왔고 앞으로 어떻게 변화하며 활용될 것인가를 주목하지 않을 수 없다. 4

차 산업혁명의 시대에 우리는 광고에 적용되는 AI의 기술과 현재의 서비스들을 토대로 기존의 광고 제작 흐름과 앞으로의 변화를 견주며 미래를 구체적으로 예측해 보고자 한다. 이 책의 작업 또한 출간 이후에 많은 변화가 있을 것으로 예측하기에, 현재의 시점에서 차이를 비교하는 과거의 프로세스와 현재의 AI 서비스를 진단·분석하고, 이를 통해 미래의 변화까지 살펴보고자 한다.

목차 구성과 내용 설명

이 책은 광고 제작자, 영상 디자이너, 콘텐츠 크리에이터, 관련 학과 학생 등 창작 분야에 종사하거나 동종 업계에 꿈을 가진 이들을 대상으로 한다. 이 책은 전통적 광고 콘텐츠 제작과 영상 제작의 프로세스에 대한 안내를 바탕으로, AI가 실무에서 어떻게 활용되고 그 활용 가치가 창작자와 업계에 어떠한 의미를 가지는지, 어떤 변화를 어떻게 만드는지를 논리적으로 설명하고 이를 현장에서 어떻게 활용하는지 실제 사례를 바탕으로 설명하고자 한다.

또, 이를 창작 과정에 통합함으로써 더 혁신적이고 효율적인 작업을 수행할 수 있도록 돕고자 한다. 이를 위해 광고 콘텐츠와 광고 영상 등의 작업물을 만드는 데에 필요한 프로세스에서 생성형 AI(generative AI)가 어떻게 활용될 수 있는지에 대해 소개하고 이미지 생성형 AI의 기본 원리를 살펴본다. 사전 제작 단계인 프리 프로덕션의 기획과 구성부터 촬영(혹은 그래픽 디자인) 과정을 거쳐 포스트 프로덕션 단계까지, 크리에이티브와 생산성 향상이 요구되는 다양한 분야의 영상 디자인 종사자에게 필요한 내용을 담았다. 광고 콘텐츠와 영상 디자인 제작 과정 전반을 실무 진행 순서대로 따라가며 읽을 수 있도록 차례를 구성하였고, 전반적인 제작 과정과 AI 플랫폼의 생성 원리 등을 처음과 마지막에 따로 구성하였다.

프리 프로덕션 단계에서는 아이디어 구상부터 시나리오 작성, 스토리보드 제작에 이르기까지 AI가 창작자의 비전을 구체화하는 데에 어떻게 기여하는지 살펴보고, 프로덕션 단계에서는 AI가 촬영과 편집 등에 미치는 영향을 탐구하며, 포스트 프로덕션에서는 편집 · 사운드 디자인에 어떻게 활용될 수 있는지 알아본다. 영상 디자인 분야에서는 생성형 AI의 등장으로 창작 과정의 효율성과 창의성이 극적으로 향상되고 있다. 이 책은 프리 프로덕션, 프로덕션, 포스트 프로덕션에 걸쳐 영상 제작에 필요한 세 가지 주요 단계를 중심으로 생성형 AI가 영상 디자인에 어떻게 활용될 수 있는지에 대해 탐구해 보고자 한다.

1장에서는 광고와 영상 콘텐츠의 변화가 시작된 AI의 발전의 흐름을 설명하였고 2장부터 3장까지는 AI로 인해 광고 콘텐츠 기획 · 카피라이팅에 일어난 변화가 이전과 어떻게 다른지 설명하였으며 4장에서는 영상 콘텐츠의 아이디어와 기획 단계가 어떻게 달라지고 있는지 설명했다. 제작 파트를 다룬 5장에서 8장까지는 영상의 제작 과정 중 프로덕션 단계와 편집, 색 보정, 사운드 등 포스트 프로덕션 작업에서 AI를 활용하는 방법과 사례에 대하여 정리하였다. 프로덕션 단계는 최종 영상 아웃풋을 기준으로 촬영과 그래픽 디자인 베이스로 나누어 다루었다. 또한 마지막 10장에서는 영상 제작의 전환점으로서 AI가 어떤 방향으로 진행될 것인지를 가늠해 볼 수 있도록 설명하였다. 각 장에 대한 설명을 하자면 다음과 같다.

1장 "AI 발달의 영향을 받는 광고와 영상"–광고와 영상 콘텐츠 변화의 시작으로서 AI가 어떤 발전의 역사를 통해 우리에게 오게 되었는지 설명하겠다.

2장 "AI와 광고 콘텐츠 기획의 변화"–AI와 광고 콘텐츠 기획에 어떤 변화가 일어났는지, 광고 기획적인 측면에서 어떤 작업이 가능한지를 살펴보고, 텍스트를 기반으로 한 시나리오와 광고 기획, 브랜드 네이밍과 스토리텔링에 대한 부분을 확인해 보겠다.

3장 "AI를 활용한 광고 카피라이팅"–AI를 활용하여 아이디어와 인사이트를 얻는 광고 카피라이팅 방법과 다양한 광고 카피라이팅 접근 방법에 관해 소개하면서 광고 퍼포먼스 마케팅과 세일즈에 대한 데이터를 어떻게 광고 카피라는 문구로 작성할 수 있는지 소개하겠다.

4장 "AI와 프리 프로덕션"–현존하는 영상 프로덕션의 제작 시스템에서 기획적인 요인들인 기획, 콘티 분석, 연출에 대한 준비와 촬영, 조명에 대한 스태프들에게 불어올 변화, 배우 캐스팅 등 다양한 분야의 변화에 대해 다룰 것이다.

5장 "AI와 프로덕션: 그래픽 디자인 베이스 영상"–생성형 AI를 활용하여 얻을 수 있는 이미지를 바탕으로 제작할 수 있는 영상 소스, 스토리보드 제작 등의 작은 개념에서부터 AI를 활용한 그래픽 디자인 베이스 영상 제작 전반의 생산성과 완성도를 높일 수 있는 폭넓은 개념까지 소개하고자 한다.

6장 "AI와 프로덕션: 촬영 베이스 영상"–전통적 방식의 촬영을 기반으로 하는 제작 방식에서 AI는 촬영 현장에서 어떻게 활용되는지, 감독의 상상력을 현실로 만드는 데에 어떻게 도움이 되는지, 이러한 변화는 얼마나 작품의 완성도를 높이는 데에 도움을 줄 수 있는지를 다룰 것이다.

7장 "AI와 포스트 프로덕션"—후반 작업의 작업 프로세스를 자세히 소개하고, 숙련된 작업자의 판단을 기준으로 시간과 노력을 들여야 한다고 믿어 왔던 편집의 영역이 AI의 발전과 함께 어떻게 변화하고 있는지, AI 활용 편집 프로그램과 작업 과정의 소개와 함께 설명하겠다.

8장 "AI와 사운드"—소규모 스튜디오의 프로젝트 진행에 도움을 줄 수 있는 사운드 제작을 위한 프로그램을 소개하고 AI의 활용 방안도 소개하겠다.

9장 "생성형 AI 플랫폼의 이미지 생성 원리"—현대 기술의 정점에서 이미지 생성의 새로운 가능성을 열어 가는 플랫폼들은 사용자가 입력한 텍스트 프롬프트를 분석하고, 이를 바탕으로 적절한 시각적 요소를 선택하여 조합하는 방식으로 이루어진다. 이 과정에서 인공지능은 학습된 데이터베이스를 활용하여, 사용자 의도에 맞는 스타일과 구성을 찾아내 보여 준다. 이러한 구조의 작동 원리에 대해 이해하기 쉬운 범위의 기본 개념을 소개하겠다.

10장 "AI와 영상 제작의 전환점"—AI와 영상 제작의 전환점이 될 미래의 방향에 대해 언급하고 제시함으로써 향후 연결될 흐름을 정리하고자 한다. 이 내용을 통해 기술의 진보가 인간의 광고와 마케팅, 콘텐츠 제작에 활용될 수 있도록 제시할 것이다.

인공지능은 지속적으로 발전하며 새로운 버전이 나올 것이고 생각보다 빠르게 발전하며 전반적인 시스템을 변화시킬 것으로 생각한다. AI를 활용한 광고 영상 콘텐츠 제작의 모든 것을 이 책 한 권으로 다 다룰 수는 없을 것이다. 부족하나마 이 책에서 다룬 내용이 광고와 영상 제작 업계에서 AI를 이해하고 활용하는 데에, 그리고 앞으로의 발전을 예측하고 준비하고자 하는 분들에게 도움이 되길 바랄 뿐이다.

01
AI 발달의 영향을 받는 광고와 영상

과거에 생각하던 인공지능은 인류가 생각한 어느 미래 시대의 막연한 것이었다. 하지만 지금 우리는 AI의 영향권 안에서 많은 것이 변화하고 있다. 광고 콘텐츠도 영상 제작도 시대별로 미디어의 발전에 따라 영향을 받으며 다양하게 진화해 왔듯이, 이제는 AI의 출현과 발전으로 새로운 변화를 맞이하고 있다. AI를 활용한 광고 영상 제작 과정을 살펴보기에 앞서 AI 발전의 역사를 살펴보는 것은 중요한 이해의 출발점이 될 것이다.

AI와 1인 창업?

이제는 현실이 되어 버린 AI의 시대

인공지능, 곧 AI는 인류에게 오래전부터 상상 속에 등장하던 것이었다. 각종 소설과 만화, 영화 등 인간의 삶에 함께하는 것으로 묘사되던 것이 현실이 되는 것은 오래 걸리지 않았다. 이는 디지털 기술의 발전을 통해 이루어졌다. 1962년 애니메이션 〈우주가족 젯슨〉에서는 TV로 화상 통화를 하는 장면이 등장한다. 이는 2018년 페이스북 포털(Facebook Portal) 비디오 전화 스마트홈 디바이스로 현실이 되었다. 1966년 영화 〈스타트렉〉에서는 다국어 통역기를 선보였는데 이는 2019년 구글에서 통역 서비스를 선보이며 현실이 되었다. 게다가 1989년 영화 〈백투더퓨처〉에서는 얼굴에 선글라스처럼 착용 정보를 얻는 기기가 소개되는데 이는 2013년 구글 글라스(Google Glass)와 2015년 출시된 애플 워치(Apple Watch)로 현실이 된 웨어러블 기술(wearable technology)이다. 1999년 영화 〈스마트 하우스〉에서는 집안일이 자동으로 처리되는 집이 등장하는데, 이것은 AI 하우스며, 2019년 HGTV에서 AI 하우스 콘테스트가 개최되며 현실로 받아들여지게 되었다. 인간의 기술은 인간의 상상력을 기반으로 연구되고 발현된다.

인공지능이 탄생하게 된 배경은 딥러닝(deep learning)의 원리가 주요하다. 제프리 힌튼(Geoffrey Hinton)이 2006년도에 인간 뇌의 신경망 구조가 여러 신경 세포 간 정보를 교환해 신경망을 만들어 학습하는 것에서 착안하여 컴퓨터도 가중치에 따라 데이터를 분석하여 스스로 학습 · 판단하는 딥러닝 알고리즘을 공개했다. 이후 인공지능은 발전을 가속화하게 되었다. 이는 4차 산업 혁명과 데이터의 관점에서 매우 흥미로운 출발점이 되었다. 과거에는 데이터(data) 처리를 초연결 · 초융합의 관점에서 살펴봤다면, 이제 미래는 초지능의 관점에서 모든 것을 분석하여 AI를 활용한 창조의 영역으로 들어가게 된 것이다(Ackoff, 1989).

인공지능은 일시적인 유행을 넘어서 창작의 주요 영역에 자리 잡으며 새로운 창작 방식을 제시하고 있다. 본격적으로 인공지능 창작이 예술의 영역에서 더 널리 활용되는 시대가 도래하면, 창작에 대한 새로운 관점과 정의가 형성되어 자리 잡을 것이다. 이러한 흐름에서 창작과 생산성이 중요시되는 광고 콘텐츠 제작과 영상 디자인 분야의 전문가들 역시 인공지능의 활용을 활발하게 시도하고 있지만 아직은 여러 분야에 적용하는 과정에서 어려움을 겪고 있다.

산업의 변화를 이해하고 인공지능을 효과적인 창작

도구로 잘 활용한다면 더 진보하고 효율적인 콘텐츠 제작이 가능할 테지만, 이를 위해서는 인공지능에 대한 이해가 바탕이 되어야 한다. 또한 현재 제작 시스템에 적용되는 사례를 탐구함으로써 인공지능의 가능성을 합리적으로 모색해 볼 수 있을 것이다.

시대의 흐름, 인공지능에 대하여

1981년에 출간된 『인공지능 편람(The Handbook of Artificial Intelligence)』에 따르면, 인공지능은 컴퓨터 과학의 한 부분으로, 지능적인 컴퓨터 시스템을 설계하는 분야이며, 인간 지능과 관련된 특성인 언어 이해, 학습, 추론, 문제 해결 등을 컴퓨터 시스템에서 모사하거나 구현하는 과정을 의미한다. 인공지능은 1956년 다트머스 대학교 콘퍼런스에서 처음 제안된 용어로, 이후 컴퓨터 기술의 발전과 함께 인간의 사고와 지능을 모방하는 기계에 대한 연구 분야로 확대되었다(Tian, 2020).

이처럼 인공지능 기술은 기계가 인간의 지능을 모방할 수 있다는 믿음으로 시작되었고, 그 발전 속도는 매우 빠르다. 특히 생성형 AI 기술은 과학 · 의학 · 예술 · 경제 · 산업 등 다양한 분야에서 광범위하고 깊이 있는 결과를 만들어 내고 있으며, 이는 과거와 비교할 수 없을 정도로 빠른 속도로 이루어지고 있다. 생성형 AI 기술은 특히 영화, 음악, 미술 분야 등 인간의 창작 과정에서도 폭넓게 사용되고 있으며, 이는 여러 논쟁을 불러일으키고 있다. 특히 성인물 콘텐츠 생성, 저작권과 관련된 표절 등의 심각한 문제들을 완전히 해결하지 못한 상태다. 게다가 이러한 기술을 통해 만들어진 작품들이 인류의 창작물과 구별하기 어려운 수준에까지 도달했고, 다양한 산업 분야에서 활용되거나 창작성이 요구되는 공모전에서 수상하는 사례도 증가하고 있다.

생성형 AI는 이미 구축된 대규모 데이터베이스에서 적절한 요소를 추출하여 기존 스타일을 모방하거나 변형·복제하여 인간의 명령에 따라 새로운 창작물을 만드는 방식으로 작동한다. 이는 창작 분야의 도입될 수 있는 하나의 새로운 기술이나 변화로 볼 수 있으며, 기술 발전에 항상 영향을 받는 미술·음악·영화 등 예술 분야에서도 큰 변화를 일으키면서 창작자들에게는 새로운 창작물의 촉매제로 작용하고 있다.

2020년대 이후 생성형 AI 기술은 기존 작품의 스타일과 특성을 효과적으로 표현하고 발전시킬 수 있는 중요한 도구가 되고 있다. 창작품은 인간의 창의성이 표현 기술과 결합함으로써 탄생하는데, 제작 과정에 AI 기술이 활용되면서 인간의 창의성이 그 어느 때보다 쉽고 빠르게 구현되고 있다. 현재 생성형 AI는 창작자의 업무 효율을 높이고 능력을 보완하는 보조 도구로 활용되고 있는데, 새로운 도구의 수용이 아직 익숙하지 않고 불완전하긴 하지만, 빠르게 확산하며 놀라운 수준의 성과를 이루어 내고 있다.

기술적인 관점에서 인공지능은 인간의 지능이 필요한 작업, 또는 인간이 분석하기에는 너무 방대한 데이터를 처리하는 작업 등을 수행하는 컴퓨터·기계를 구축하는 과학 분야를 의미한다. AI는 복잡한 문제를 해결하기 위해 사람의 지능을 모방하는 컴퓨터 시스템을 포괄적으로 다루는데, 주요 목적은 인간이 수행하는 복잡한 작업을 대신할 수 있는 시스템을 개발하는 것이다. 이러한 시스템은 인간의 논리적 사고와 결정 과정을 학습·추론·수정하여 수행한다.

머신 러닝(machine learning, 기계 학습)은 과거의 데이터를 기반으로 기계가 스스로 학습하여 통계적으로 정확한 결과를 도출하는 학습 모델이다. 인공 신경망은 인간 뇌의 작동 방식을 모방한 모델로, 데이터를 분류하고 계산하는 노드인 인공 뉴런으로 구성된다. 이러한 신경망은 여러 계층으로 이루어져 있으며, 이를 '심층 신경망' 또는 '딥러닝'이라고 부른다. 딥러닝은 복잡한 데이터 패턴을 학습하고 예측하는 데에 강력한 도구로, AI 기술의 핵심적인 부분을 차지하고 있다.

인공지능, 성장과 발달의 역사

인공지능의 기초가 다져지고 확장되던 1950년대와 1960년대는 주로 논리적 추론과 문제 해결을 중심으로 한 규칙 기반 시스템이 연구되었다. 이 시기 AI 연구의 주요 목표는 과연 컴퓨터가 인간처럼 사고하고 문제를 해결할 수 있는지에 대한 탐구였으며 연구자들은 초기 신경망 모델을 개발하였고, 자연어 처리와 기계 학습을 통해 패턴 인식 문제를 해결하는 등의 논리적 추론, 문제 해결 등이 활발하게 연구되었다.

1980년대와 1990년대에는 신경망(neural networks)과 기계학습이 발전하면서 AI의 기능이 더욱 확장되는 시기였다. 이 확장이란, 인공지능이 연구실을 넘어 상업적으로 활용되는 것을 말한다. 이는 전문가 시스템(expert systems)으로 불리며 의료 · 금융 · 제조 · 법률 등의 분야에서 활용되기 시작했는데 이러한 인공지능의 상업적 응용의 대표적인 예로는 스탠퍼드 대학교에서 개발된 의료 진단 시스템인 마이신(MYCIN)이 있다. 세

균 감염을 진단하고 적절한 항생제를 추천하는 역할을 했던 마이신은 규칙 기반 시스템으로, 약 600개의 규칙을 사용하여 의학적 결정을 내렸으며 이는 전문가의 지식을 컴퓨터 프로그램에 적용한 초기 성공 사례 중 하나였다.

이렇게 발전하던 인공지능 발전에 중요한 전환점이 2014년에 등장한다. 굿펠로(I. Goodfellow)와 그 동료들이 제안한 생성적 적대 신경망(generative adversarial networks, GAN)의 등장이 그것이다. GAN은 두 개의 신경망(생성자와 판별자)이 서로 경쟁하며 학습하는 방식으로, 이를 통해 매우 현실감 있는 이미지와 동영상을 생성할 수 있게 되었다. GAN의 출현은 생성형 AI 연구에 큰 혁신을 가져왔고, 다양한 생성형 모델의 개발을 촉진했다. 현재의 생성형 AI가 과거에 비교해 놀라운 수준으로 발전을 이루었지만, GAN은 현재 사용되는 이미지 생성형 AI의 기본 개념이다.

이러한 발전을 거듭하던 생성형 AI는 2020년대 들어 대규모 언어 모델인 GPT(generative pre-trained transformer) 시리즈의 등장, 발전과 함께 새로운 전성기를 맞이하게 되었다. GPT는 2018년 OpenAI사에 의해 개발되고 시장에 발표되었으며 자연어 이해와 생성에 큰 진전을 이루었다는 평가를 받는다. 매년 GPT는 더욱 확장되고 개선된 버전을 발표하는데 방대한 양의 텍스트 데이터를 학습하여 인간과 유사한 텍스트를 생성할 수 있으며, 그 성능의 향상은 인간과의 상호 작용 결과에 비추어 평가된다. 2023년 발표한 GPT-4의 경우 텍스트뿐 아니라 이미지, 음성 등 다양한 형태의 데이터를 처리할 수 있는 멀티모달(multi modal) 능력 또한 가지고 있다. 챗GPT(ChatGPT)의 역사는 AI 기술의 발전과 함께 자연어 처리의 가능성을 보여 주는 중요한 사례로, 이는 우리의 생산 방식, 상업 양식과 사회 구조를 변화시키고 사회적 필요에 의해 더 많은 응용 범위에서 계속해서 발전할 것이다.

매체 속에서 인간은 창의적 사고나 판단에서 유리하고, 인공지능은 계산 능력이나 기계적 업무에서 강점을 지니고 있어, 둘의 관계는 상호 보완하는 협력 관계로 제시된다. 현재에 이르러 인공지능은 공상 속의 존재가 아니라 실제 환경에서도 영향을 미치고 있다. 인공지능은 복잡한 계산이나 균일한 결과를 가져오는 생산직과 같은 기계를 중심으로 하는 분야에서 주로 활용되다가, 머신 러닝이 등장하면서 단기간에 발전을 이루었다.

과거 바둑 기사 이세돌과의 대결에서 승리를 거두었

던 인공지능 알파고가 역대 바둑 기사들의 기술과 수를 데이터베이스로 두고 더 나은 수를 두어 승리하였던 것처럼, 인공지능 기술은 탑재된 데이터를 조합하여 상황에 따른 결과를 추론하고 행동하는 기술을 의미한다. 이러한 인공지능은 자동 운전 시스템과 얼굴 인식, 감정 파악 등의 전문적인 분야에서 주로 사용되었으나, 현대에는 이 기술이 상품 추천, 챗봇 등의 영역에서부터 전문적인 글, 그림, 디자인, 음악 등의 분야까지 생성형 AI라는 이름으로 활용되기 시작하였다(장운초, 2024).

참고문헌

장운초(2024). 『생성형 AI를 활용한 애니메이션 제작과정에 관한 연구』. 건국대학교 대학원 박사학위 논문.

Ackoff, R. L.(1989). From data to wisdom. *Journal of Applied Systems Analysis*, 16, pp.3–9.

Tian, J.(2020, August). *The human resources development applications of machine learning in the view of artificial intelligence*. Paper presented at IEEE 3rd International Conference on Computer and Communication Engineering Technology, Beijing, CN.

02
AI와 광고 콘텐츠 기획의 변화

광고 콘텐츠 기획은 인간인 광고인에게 달린 고유의 것이었다. 제품과 서비스, 브랜드를 분석하고 사람에 대한 이해와 생각이 좋은 광고 콘텐츠를 기획하는 밑바탕이 되었다. 그러나 이제 AI와 함께 모든 과정의 기획이 더 쉽고 빠르며 효율적인 방법을 찾아가기 시작했다. 여러 사람과의 회의를 통해 찾아가던 기획의 방식이 AI를 통해 효율적으로 진행되고 있다. 우리는 광고 콘텐츠 기획 단계에서 AI에 어떤 것을 기대할 수 있을까.

AI와 MBTI?

광고 콘텐츠와 영상 제작을 위한 필수 단계

영상 제작이 '어떻게 만들 것인가'에 대한 구체적인 과정이라면 영상 기획은 '무엇을 만들 것인가'에 대한 단계다. 무엇을 제작할 것인가 하는 기획의 단계는 광고 콘텐츠 혹은 영상 제작에 관여하는 모든 사람에게 영향을 끼칠 수밖에 없는, 매우 중요한, 최초의 단계라 할 수 있다.

광고 아이디어가 도출하기까지는 많은 자료 조사가 수반되어야 하며 이 단계에서는 우선 광고하고자 하는 제품이나 서비스, 브랜드의 이해가 선행되어야 한다. 이러한 이해가 무엇을 광고할 것인가에서 가장 중요한 부분이자 주인공이기 때문이다. 때로 많은 광고 아이디어가 제품을 판매한다는 태생적 중요성을 간과하여 광고 제품과 서비스가 제대로 전달되지 못하고 유행어에 그치거나 단지 일시적 흥미를 유발하는 아이디어로 끝나기도 한다.

광고는 소비자들에게 도달되어야 하므로 흥미 있는 콘텐츠나 영상이어야 하지만, 본질적으로 제품과 서비스의 마케팅적 성과(인지도 향상, 매출의 증대) 등을 위한 활동이어야 한다. 그러므로 광고를 기획한다는 것은 무엇보다 제대로 알고 이해된 정보를 토대로 꼭 알려야 할 제품과 서비스의 가장 중요한 메시지를 소비자에게 전달하는 방향을 향하고 있어야 한다. 따라서 제품이나 서비스에 대해 확실하게 분석하지 않고 광고를 만드는 것은 핵심을 놓치기 쉬우며, 그렇게 세워진 전략은 마치 모래 위에 쌓은 성과 같고 하늘을 향해 주먹질하는 것과 다름없다고 정통 광고인들은 생각해 왔다. 또한 분석은 광고하려는 제품과 서비스 이외에도 소비자 타깃에 대한 분석, 경쟁 상황에 대한 분석, 사회 트렌드에 대한 분석 등을 망라해야 한다. 구체적이고 확실한 자료 수집과 분석이 선행되어야, 전략적 토대와 방향성이 탄탄한 광고 콘텐츠와 영상을 기획할 수 있게 된다. 즉, 수집된 자료들을 토대로 광고주 혹은 마케팅 팀, 광고 기획 팀이 합의하여 완성된 광고 목표에 대한 주제에 맞춰 이를 달성하기 위한 전략과 방향성을 수립하게 되는 것이다. 또한 자료들을 토대로 근거 있는 전략을 구체화하게 되었을 때 주요 핵심 관계자들을 설득할 수 있음과 동시에 제품이 소비자 타깃에게 논리적으로 연결되는 광고 주제의 적합성을 획득하게 되는 것이다.

분석을 마치고 기획 방향이 잡혔다면 그다음은 콘셉트를 정하는 일이다. 콘셉트는 독창적이며 창의적인 개념으로, 광고 기획의 전략적인 측면을 직관적으로 느낄 수 있도록 쉽게 이해할 수 있으면서 다른 경쟁사 광고와 차별화되는 것이어야 한다. 또한 자연스럽지만 분명한 매력이 존재해야 한다.

좋은 콘셉트는 실행할 수 있는 것이어야 함은 물론이다. 실행할 수 있는 좋은 콘셉트를 기반으로 이제 카피 메시지 작업을 하며 어떤 아이디어로 어떻게 콘텐츠를 제작할 것인지 회의를 하게 된다. 아이디어 회의는 통상 다양한 사람의 경험을 모아 새로운 아이디어를 만드는 과정이다. 제품과 서비스에 연관성이 있으면서 콘셉트와 일치하는 아이디어를 다양한 관점에서 찾아 고민하고 모여서 회의를 통해 완성한다. 이때 광고 회사 제작팀에서는 기획 팀의 브리프에 맞춰 아이디어 회의를 시작한다. 제작 팀장인 크리에이티브 디렉터(creative director)가 제작팀의 회의를 주도하며 팀원인 카피라이터(copywriter), 아트 디렉터(art director)와 함께 최선의 아이디어를 선정하기 위한 고민이 시작된다. 이 과정을 통해 때로는 쉽고 빠르게, 혹은 지나치게 답답할 정도로 여러 번 회의를 하게 된다. 아이디어의 최종 결정을 크리에이티브 디렉터가 관여하기 때문에 이에 따라 아이디어를 선정하고 실행하는 스타일에 따라 다채로운 아이디어가 나오게 된다. 광고주에게는 통상 2~3개 이상의 각각 다른 아이디어를 추려서 제안하게 되며 이것이 몇 차례의 수정을 거쳐 최종 아이디어의 안으로 결정된다. 영상 콘텐츠를 기준으로 하면 주제와 그에 맞는 아이디어에 따라 대략적인 시나리오나 콘티의 내용이 결정된 단계를 말한다. 이후 영상 광고 촬영을 위해서 PPM(pre production meeting)을 준비하게 되며 이 PPM은 돌이킬 수 없는 영상 촬영장의 제한된 촬영 시간을 최대한의 효율적인 상황에서 짜임새 있게 촬영하기 위한 준비라고 볼 수 있다. 이 문서에는 최종 아이디어에 따른 영상 콘티가 촬영 신으로 정리가 되어 있는데 이것은 콘티 라이터가 그린 이미지다. 촬영을 하기 위한 최종 내용이 구체화되어 있으며 촬영 전반의 준비 사항이 정리되어 있다. 여기에는 광고 모델 캐스팅 후보들과 선택, 광고 모델의 헤어 · 메이크업 · 의상 스타일에 대한 계획이 브랜드와 제품, 서비스의 컬러나 특징에 맞게 준비된다. 또한 각종 소품과 세트 구성, 미술적인 요소들과 준비물들, 촬영용 제품, 촬영장의 타임 테이블과 이에 따른 촬영 시간 분배에 대한 것, 촬영 로케이션에 대한 정보와 연출 시 유의해야 할 사항, 레퍼런스를 통한 촬영의 상세 영상 이미지 구현에 대한 설명 등이 있다.

끝으로, 촬영 후 편집부터 편집본 스케줄, 시사 스케줄이 정리되어 있으며 후시 녹음을 위한 녹음실 안내,

2D나 특수 효과에 대한 포스트 프로덕션과 그에 따른 다양한 설명 등이 상세하게 정리되어 있다. 말 그대로 문서 안에 촬영부터 편집과 완성에 이르는 모든 내용이 상세하게 기재되어 있어서, 광고 영상 촬영에 대한 만반의 준비를 갖춘 것이다. 혹시 부족한 부분이 있으면 의논할 수 있도록 미팅을 통해 최종 조율을 거친다. 이렇게 PPM을 준비하는데, 광고주나 광고 회사의 의도와 프로덕션 감독의 연출 방향을 일치시켜 촬영장에서 발생할 수 있는 혼란을 사전에 방지할 수 있다. 통상 광고 영상 제작의 관점에서 보면 촬영장에 가기 전까지가 프리 프로덕션(pre production) 단계라 볼 수 있다.

광고 콘텐츠의 촬영과 편집, 그리고 완성

잘 정리된 PPM은 구체적인 촬영 준비를 하게 만든다. 순조로운 촬영을 위해 감독과 촬영 감독은 사전에 촬영 장소를 답사하여 촬영에 대해 구상하고, 조명 · 미술 · 소품 · 의상 · 배우 섭외와 안내에 이르기까지 촬영장에서 다방면으로 함께 일할 스태프들과의 조율과 준비를 마치게 된다.

촬영장에는 광고주 담당자를 비롯하여 촬영의 규모나 중요도에 따라 임원까지 방문하는 경우가 있고, 광고 대행사의 기획 담당자 · 담당 제작 팀이 현장에 와서 기획하고 제안한 아이디어대로 촬영 준비가 잘 마쳐졌는지 확인하고 광고주에게 설명한다. 이를 위해 담당 프로덕션의 감독과 피디와 소통하며 촬영장에서도 의견을 나누고 제품이나 서비스에 대한 표현과 설명에 대해서 교정하기도 하며 더 좋은 아이디어가 떠오르면 현장에서 절충안을 진행하거나 추가 촬영을 진행하기도 한다. 게다가 유명 연예인을 모델로 활용하는 경우에 촬영장에서 온라인 바이럴에 활용할 쇼트폼 영상 제작, 스케치 영상 제작, 모델에 대한 인터뷰 영상, 콘셉트 사진 촬영 등을 병행하기도 한다. 이를 위한 계획은 PPM 전에 이뤄지는 것이 통상적이며 모델의 소속사와도 사전에 협의가 되어야 진행이 가능하다.

촬영이 끝나고 나면 편집본을 공유받아 실제 콘티에서 어떤 부분이 중요하고 어떤 부분이 중요하지 않은지, 향후 편집에 반영할 수정에 대한 의견을 광고주와 광고대행사 담당자가 의논하며 프로덕션 측에 요청한다. 여러 번의 수정이 끝나면 최종 컷 편집이 된 영상을 토대로 영상의 디자인 요소들을 확인하여 수정 · 보완하며, 색보정과 사운드 믹싱 등을 거쳐 최종본을 완성한다. 영상 제작에 많은 인원과 비용이 집행되므로 촬영에 대한 사전 준비가 결과물에도 영향을 미치는 것을 염두해야 하며, 통상 1달 이내에 제작물이 완성되는데 이 과정에서 매우 많은 수정이 진행되기도 한다. 효율적인 영상 편집과 제작 업무를 위해서는 사전의 준비와 회의, 진행 과정에서의 충분한 협의, 수정 사항에 대한 효율적인 합의 등이 중요하다. 광고업의 특성상, 광고주 측의 최종 의사결정자의 확인을 거치면 비로소 모든 작업이 끝났다고 볼 수 있다.

완성된 광고 영상 매체 집행의 경우는 매체 비용의 전체에서 소비자 타깃에게 도달하기 위한 최적의 노출을 고려하여 전략적인 집행 계획을 세우게 되는데 이를 미디어 믹스(media mix)라 한다. TV 광고의 경우 TV 방송에 송출할 수 있도록 영상 편집 가이드에 맞춰 제작이 완료된 것을 제출한다. 또한 온라인 영상의 경우 유튜브나 인스타그램, 네이버 등 주요 소비자가 볼 수 있는 사용성이 많은 채널을 토대로 가이드에 맞게 광고 영상이 편집되어 방송된다. 이후 광고 대행사는 매체의 효과를 정리한 매체 리포트를 분석하여 효과에 대한 부분을 일간, 주간, 월간 등의 단위에 협의하여 제공한다. 온라인의 경우는 매체 효율성을 높이기 위해 효율 지표를 살펴본 후 소재를 교체하거나 채널을 바꾸는 등 효율성을 높이기 위해 지속적으로 관리할 수 있다.

영상 제작이 완료되면 광고 캠페인이라는 전체적 관점에서 다양한 광고가 통합적으로 운영되게 된다. 이를 IMC(integrated marketing communication) 광고 캠페인이라고 하며 통합적 마케팅 커뮤니케이션이라 부른다. 이는 소비자, 고객, 잠재 고객, 종업원, 그 밖의 모든 사내외 이해관계자들을 대상으로, 장기적인 관점에서 측정 가능하고 설득력 있는 브랜드 커뮤니케이션 프로그램을 기획 · 개발 · 실행 · 평가하는 전략적 비즈니스 과정을 말한다. 예를 들면, 유튜브에서 광고 영상을 송출함과 동시에 캠페인 사이트를 통한 광고 프로모션을 집행하거나, 오프라인 팝업스토어가 진행되어 많은 인파가 모인 곳에서 영상이 소개되고, 동일한 콘셉트와 아이디어 안에서 오프라인 이벤트가 진행되는 것이기도 하다. 또한 언론을 활용하여 광고 캠페인이 주목받게 만들어 홍보 활동과 연계하기도 하고, 블로그, 바이럴 마케팅, 소비자 커뮤니티와 연계된 이벤트 등이 동시에 진행되어 소비자에 대한 광고 경험을 효과적이고 입체적으로 향상시키는 것이다.

이상으로 이야기했던 광고 캠페인에서 영상 기획과 제작, 촬영에서 편집, 통합적 마케팅 커뮤니케이션 영역까지의 모든 과정을 다음과 같이 정리할 수 있을 것이다.

광고 영상 제작에 따른 캠페인 프로세스

1) 광고 목표에 따른 브리프 확인과 전달

2) 광고 기획을 위한 자료 조사와 분석

3) 광고 콘셉트 수립과 광고 제작 아이데이션

4) 광고 메시지 확정과 광고 아이디어 결정

5) 광고 촬영을 위한 PPM 미팅 준비

6) PPM 미팅을 통한 최종 촬영 준비

7) 촬영장에서의 현장 확인과 조율(추가 콘텐츠 제작)

8) 촬영 후 편집본 확인과 편집 회의

9) 영상의 내용 구성과 디자인 요소 등 전반적인 수정

10) 최종 영상에 대한 시사 완료와 최종 승인

11) 매체별 가이드에 맞춘 영상 편집과 송출

12) 광고 영상과 통합적 마케팅 전략에 따른 IMC 캠페인 실행

13) 광고 영상 콘텐츠의 매체 집행에 따른 결과 리포트 정리와 다음 영상 제작 · 캠페인에 따른 제언 확인

AI와 함께 광고 콘텐츠를 기획하는 법

앞서 이야기했던 영상 광고 콘텐츠 기획의 단계에서 중요한 것은 자료에 대한 수집과 분석이었다. 여러 사람,

특히 기획자가 제품과 서비스에 대한 다양한 분석 자료와 경쟁사 분석 내용 등을 담은 팩트북(fact book), 그리고 이를 토대로 찾은 인사이트(insight)는 광고 영상 콘텐츠를 기획하는 데에서 매우 중요하다.

그러나 AI가 등장하고 챗GPT로 시장 조사에 대한 가이드 몇 가지를 입력하고 실행을 누르면 그와 동시에 자료에 대한 분석을 시작해 꽤 괜찮은 내용들을 요약해서 보여 준다. 물론 초창기 챗GPT는 상상이나 허구의 내용이 주를 이루기도 하여 신뢰도에 심각한 결함을 가지고 있었던 것도 사실이다. 하지만 빠르게 버전업이 되면서 챗GPT는 많은 자료를 신속하게 학습하기에 이르러, 현재 챗GPT 4.0 기준으로는 질문에 대한 결괏값이 많이 향상되었다.

대표적인 AI 서비스인 챗GPT를 쉽게 설명하면 대화를 생성하여 말할 줄 아는, 사전 학습(pre-trained)이 가능한 인공 신경망 알고리즘을 가진 서비스다. 이를테면, 구글링은 키워드를 검색하고 검색 결과를 열어서 읽기를 반복하고 생각을 정리한 후 답을 작성하는 식으로 검색 결과를 노출하지만 챗GPT는 질문에 대한 답을 즉시 노출한다. 챗GPT는 확률적 추론에 의해 단어 선택 확률을 고려하고 단어를 만들어 답변한다. 또한 사전 학습 과정을 거쳐 엄청난 데이터를 학습하면서 거듭 스마트해진다. 결국 정보를 기반으로 생성할 수 있기 때문에 인간의 고유 영역이라 믿어 왔던 창작, 아이디어, 자문, 기획서 등의 업무가 가능해지는 것이다.

기존의 챗GPT 3.5까지는 AI가 텍스트만을 다뤘다는 것인데, 챗GPT 4.0에서는 이미지를 인식하고 분석할 수 있으며 이미지를 생성할 수 있다는 점에서 차이가 있다. 이는 GPT-4의 멀티모달 기능으로 이미지를 인식 · 이해하고 처리할 수 있게 된 것이다. 멀티모달이란 다양한 종류의 데이터를 처리하고 이해할 수 있는 기능을 말한다. GPT-4는 이미지를 인식하고 해당 이미지에 관한 텍스트 정보를 생성할 수 있게 되었다. 실제로 OpenAI 회장 겸 공동 창립자인 그레그 브로크먼(Greg Brockman)은 자신의 트위터에서 GPT-4를 통해 손으로 그린 웹사이트 스케치를 HTML 소스로 바꿔 실제 웹사이트를 구현한 이미지를 공유하기도 했다.

예를 들어, OpenAI는 GPT-4 기술 리포트를 통해 차트 이미지를 해석해 답을 구하거나 프랑스어로 된 물리학 문제를 이미지로 읽어 풀 수 있다.

또한 GPT 4.0의 가장 큰 특징은 이전 버전보다 더 정교한 언어 이해와 처리 능력을 가지게 된 것이다. 이전 모델 GPT 3.5에서는 한 번에 영어 기준 3,000개 정도 단어를 처리할 수 있었지만 GPT 4.0은 25,000개까지 가능하다. 기억력도 기존이 약 8,000개 단어를 기억해 대화를 나눴다면 지금은 8배로 단편 소설 분량에 버금가는 64,000개 단어까지 기억해 사용자 질문에 더 적합하게 대답하게 되었다. 버전의 차이를 설명하는 이유는 바로 AI의 빠른 발전 속도를 강조하기 위해서다. 3.0에서 3.5가 나오기까지 약 2년이 걸렸지만 3.5에서 4.0이 나오기까지는 6개월 정도밖에 걸리지 않았다. 마치 어린아이가 언어와 그림그리기에 익숙해지는 데에 시간이 걸리다가 청소년기와 어른으로 갈수록 더 빠른 속도로 완벽한 글과 그림을 만드는 것처럼 AI의 발전도 나날이 더 빠르게 이루어질 것으로 예상된다.

챗GPT 사용 중에 질문과 동시에 반영되는 대답들을 보면 매우 체계적이고 현실적이다. 다만 추상적인 질문이나 단편적인 질문에 반응하는 대답은 사용하기 어려울 정도로 빈약한 내용이나 뻔한 내용으로 돌아올 가능성이 크다. 이에 대해 두 가지 결과에 대한 광고 영상 콘텐츠 기획에 대한 예시를 보여 주고자 한다.

챗GPT는 반복해서 대화하고 중요한 내용을 학습시키며 방향을 다듬을수록 정교해진다. 따라서 광고 기획에서 아이디어 회의를 하듯 대화를 주고받을 수 있어 도움을 받을 수 있다. 단, 정확하지 않은 정보를 검색 데이터에서 추출해 사실인 것처럼 답변하는 경우도 있으므로 팩트 체크(fact check)는 반드시 필요하다.

광고 기획서를 작성하는 일에 도움을 받으려면 지시문(instruction)과 맥락(context)를 구분하여 입력해야 한다. 예를 들어 지시문은 "신제품 커피 광고의 기획안을 작성해 줘"이며 맥락은 "콜롬비아 원두를 사용하고 제품 용기가 20대 여성 소비자에게 매력적인 디자인이며 카페인이 없는 커피야"라고 알려 주는 것이다. 이때 광고 콘셉트나 제품 광고의 주요 방향성에 대한 가이드를 구체화해 줄수록 기획안의 내용은 원하는 방향으로 나올 수 있게 될 것이다. 또한 챗GPT에게 역할을 부여하면 효과적인 답변을 얻을 수 있으며 기획안의 내용에 전문성을 가질 수 있다. 예를 들어 "너는 20년 차 광고 기획자야. 커피 광고를 전문적으로 해 본 경험이 있고 특히 여성의 심리를 잘 이해하는 노련한 기획자야"라고 역할을 부여하고 지시문과 맥락을 제시하는 것도 좋은 결과를 얻을 수 있게 된다. 또한 "요즘 MZ세대 여성 소비자가 원하는 커피의 콘셉트 다섯 가지를 각각 다른 방향에서 기획하고 알려 줘"라고 입력한다면 다채로운 콘셉트를 단 몇 분 안에 만나 볼 수 있게 될 것이다.

소셜 미디어 플랫폼에서 광고 콘텐츠를 제작하여 광고하는 일이 증가하고 있다. 이때 소비자들의 참여도에 대한 부분은 매우 중요하므로 이를 설계하는 데는 아이디어가 필요하다. 인게이지먼트는 소비자와 미디어의 관계를 처음 연구하면서 제안된 이후, 에드워드 몰트하우스(Edward C. Malthouse) 등을 통해 학계와 업계의 관심을 받게 되었다. 특히 소셜 미디어나 디지털 사이니지 등과 같이 메시지에 참여하고 몰입하여 공유 · 확산을 하는 새로운 체험형 미디어들과 롱테일 미디어(long tail media)들이 등장하면서 인게이지먼트에 대한 관심이 커지게 되었다.

인게이지먼트는 관심, 만족, 관련성, 상호작용, 주의, 집중, 몰입, 탐색, 관여도, 행동 유도 등 다양한 개념을 포함하며, 이 요소들이 소비자와 광고 맥락 간의 관련성 정도에 의해 미치는 영향력의 차이를 나타낸다(Friedlein, 2006; Wang, 2006). 소셜 미디어의 경우에는 이용자들인 소비자들과 광고가 단순 노출되는 것이 아니라 메시지와 관련된 활동, 이벤트 등에 직접 참여하거나 광고 메시지를 공유하고 체험하며 확산시키는 형태로 설계해야 한다. 그렇기에 이와 유사한 광고 이벤트를 챗GPT에 학습시키고 관련 아이디어를 모색하는 등의 노력을 기울인다면, AI를 도구로서 활용하는 좋은 방법이 될 것이다. 다만 광고가 단순한 경품 증정이나 경제적 혜택 제공에 머무를 경우 사용자 만족도에는 영향을 미치지만, 실제 광고 태도에는 영향을 미치지 않는 성향이 있다. 이를 토대로 볼 때, 리워드 앱을 통해 광고를 노출할 경우, 포인트를 적립하는 것보다는 사용자들이 광고 자체에 대해 흥미를 보일 수 있도록 설계하는 것이 더 중요하다.

이 외에도 사업 아이템을 요청하거나, 계약서를 학습시키고 독소 조항이나 을에게 불리하게 작용할 수 있는 내용을 검토해 알려 달라고 요청할 수 있으며, 제품의 이미지나 고객의 사진을 입력하여 외관이나 특징에 대한 정보를 분석해 달라고도 할 수 있다. 또한 기획자로서 엑셀에서 하는 다양한 업무를 챗GPT로 자동화할 수 있고 복잡한 수식이나 계산을 맡기면 해결해 주기도 하여 든든한 팀원이나 개인 비서처럼 도움을 받을 수 있다. 번거로운 조사나 분석, 기초적인 자료 정리에 대해서도 도움을 준다. 광고인들이 시간을 아껴 본질적인 고민을 할 수 있도록 다양한 접근을 도와준다는 면에서 기획적 도움을 받을 수 있는 서비스라 판단된다.

챗GPT가 최상의 광고 콘셉트나 기획을 해 준다기보

다는 시간을 절감시켜 주고 접근을 다양하게 확인할 수 있도록 도와주어, 혼자 고민하는 것 이상의 폭넓은 접근을 용이하게 해 준다는 장점이 있다. 늦은 밤이나 새벽 시간에 아이디어가 떠오르지 않고 누군가의 도움이 필요한 광고인들에게는 챗GPT가 좋은 파트너가 되어 줄 것으로 보인다. 챗GPT 버전이 올라가고 서비스가 개선될수록 광고인의 기획에 대한 고민이 줄어들 것임은 분명하다.

참고문헌

변혜민·심성욱(2020). 소셜 미디어 플랫폼에 따른 인게이지먼트와 광고 인게이지먼트의 관계. ≪광고PR실학연구≫, 13(2), 58-90쪽.

정영수 외(2022). 모바일 광고 앱의 인지된 혜택 및 비용이 사용자 만족과 광고태도에 미치는 영향. ≪경영과 정보연구≫, 41(2), 63-77쪽.

Friedlein, A.(2006). Web 2.0: Back to the Future with Engagement. Econsultancy Blog.

Wang, A.(2006). Advertising engagement: A driver of consumer involvement. *Journal of advertising research*, 46(4), pp.355-368.

03
AI를 활용한 광고 카피라이팅

카피라이터들은 광고에서 매우 중요한 콘셉트와 슬로건, 카피라이팅을 담당하며 전체 제작에서 핵심적인 역할을 담당했다. 이는 오로지 인간의 영역이자 광고 창작의 중추적 역할이었기에 AI로 인한 카피라이팅이 가능해지리라고는 생각하지 못했다. 하지만 이제 디지털 영역에서 판매를 증대시키기 위한 광고 카피는 데이터 분석을 기반한 AI가 더 중요한 역할을 할 것이라 전망한다.

AI와 난임 극복?

카피라이터는 어떻게 카피를 만드는가

광고 회사의 카피라이터는 마케팅적인 사고를 토대로 소비자의 관점을 이해하여 제품의 판매를 높이기 위해 문구를 작성하는 사람이다. 그렇기에 단순한 글쓰기를 잘하는 것과 차이가 있다. 왜냐하면 구체적인 분석을 토대로 논리 위에 감성을 쌓는 일이기 때문이다. 카피라이터들이 카피를 쓰려면 상품에 대한 깊이 있는 이해와 시장 분석, 경쟁사에 대한 조사, 환경에 대한 이해, 소비자의 인터뷰나 라이프 스타일에 대한 학습이 필요하다. 종합적이고 입체적인 분석을 토대로, 제품이 필요한 소비자의 상황에 몰입하여 고객이 필요로 하거나 필요할 수 있는 상황, 제품이 해결해 줄 수 있는 편익을 찾아내어 매력적인 제품 소구를 할 수 있게 다방면으로 고민한다.

제품을 판매하기 위한 전략적인 목표 고객을 설정한 후에는 구매 욕구를 일으킬 수 있는 카피 전략을 수립한다. 카피 전략이란 마케팅적 관점에서 제품과 소비자를 어떻게 연결할 것인가에 대한 구체적인 연결점을 찾는 행위다. 이에 따라 다양한 아이디어를 전개할 수 있으며 그에 따라 카피 문구들을 구체화할 수 있게 된다. 따라서 카피를 쓰는 일은 제품과 목표 소비자 사이에 있는 무수한 가능성을 찾아서 가장 명확한 말을 찾아내어 설득하는 일이다. 이를 최종 카피로 정하고 광고 제작물에 핵심이 되게 표현한다. 이를 최종 카피로 정하고 나면 광고 제작물에 핵심이 되게 표현한다. 카피는 결과물만 놓고 보면 다른 광고 역할에 비해 매우 쉽고 단순해 보이지만 광고의 뼈대 역할을 하는 것이므로 치밀하고 복잡한 과정을 거쳐 탄생한다. 이러한 카피라이터의 역할은 광고 산업에서 매우 중요하다. 소비자들의 마음을 움직이는 일에 카피라이터들은 최선을 다해 왔다. 인간이 할 수 있는 글쓰기 영역 중에서 가장 상업적인 일이었던 카피라이팅은 이제 AI로도 대체될 수 있다는 불안한 시각도 존재한다.

소비자의 니즈를 분석한 AI의 광고 카피

AI는 과연 카피라이터를 완전히 대체할 수 있을 것인가. 광고 회사 카피라이터들은 만능 재주꾼이었다. 마케팅적인 사고를 바탕으로 소비자 심리를 꿰뚫어 봐야 했고 이를 토대로 소비자들의 마음을 흔들어 구매를 일으키는 결정적인 역할을 했기 때문이다. 어찌 보면 이성적인 사고와 감성적 사고를 동시에 접목시킬 줄 아는, 광고 회사에 없어서는 안 될 중요한 역할이었다.

특히 기존 4대 매체가 중심이던 광고 업계에서는 짧은

광고 영상에서 전달하고자 하는 메시지를 함축하면서도 감각적이고 흥미로운 카피를 써야 했기에 유능한 카피라이터들은 어디서나 환영받았고 광고 회사의 꽃이라고 불리기도 했다. 그랬던 카피라이터의 역할을 이제 AI가 대신하는 시대가 되었다. 특히 소셜 미디어의 광고 콘텐츠들은 AI가 더 정형화되면서도 적합한 카피 문구를 쓰기 시작한다. 실제로 광고 카피를 써 주는 AI 서비스가 등장했고 이는 신입 사원을 가르쳐서 작성된 것보다 여러 면에서 편리하고 적합한 카피를 쓴다는 것을 확인할 수 있었다. 몇 가지 제품의 특징과 소비자 타깃, 전달하고자 하는 메시지의 중요한 키워드들을 알려 주면 짧은 시간 안에 꽤 훌륭한 광고 문구가 쏟아지는 것을 경험하게 된 것이다.

이제 챗GPT를 광고 카피라이터로서 활용하는 방법을 살펴보려 한다. 텍스트 기반으로 질문하고 답을 얻을 수 있는 AI 서비스들에는 브랜드 콘셉트나 제품의 스토리를 발굴하거나 특징을 정리·요약하라고 지시할 수 있다. 또한 광고 문구를 각 매체의 특징에 맞게 학습시켜서 추출할 수 있다. 예를 들어 글자 수 제한이나 영어 카피로의 변환을 구체적으로 지시할 수 있으며, 온라인 광고 영상의 시나리오를 구성해 달라는 요청을 작가에게 하듯이 요청할 수 있다. 이때는 제품의 특성과 영상의 장르적 특색, 그 외에 강조되어야 할 요소들을 자세하게 기록하여 제시한다면 흥미로운 결과를 가장 빠른 시간에 확인할 수 있을 것이다. 광고 카피라이터로서 일할 때 어려운 점은 다양한 관점에서 접근하여 창의적으로 표현하는 것인데 이러한 과정에서 챗GPT는 광고 카피의 다양한 발상을 돕는 데에 효과적이라 할 수 있다. 다만 소비자에게 전달하기 적합한 고유의 느낌과 어감은 카피라이터가 최종으로 다듬고 정리해야 할 부분으로 보인다. 어떤 일이든 담당자가 가장 잘 알기 때문이다.

제품 이름과 브랜드 스토리를 만드는 방법

만약 신제품의 네이밍을 고민한다면 앞 장에서 언급한 챗GPT의 특성에 따라 20년 차 브랜드 컨설턴트라는 역할을 부여하고 브랜드나 제품의 특징을 설명한 후에 이에 어울리는 브랜드 이름을 15가지 추천해 달라고 요청하면 바로 후보들을 제안해 줄 것이다. 이 결괏값에서 마음에 드는 제품명의 후보안을 다시 추출하여 각각 이름들이 의미하는 바를 토대로 영어 합성어, 한글 발음 등을 연결하여 특색 있는 제품 이름을 제안해 달라고 하면 한결 더 나은 접근을 하여 나열해 줄 것이다. 여기서 가장 마음에 드는 것을 골라 최종적으로 전문가의 관점과 제품의 특징 등을 확인하여 완성하면 된다.

브랜드 이름을 완성했다면 브랜드 스토리를 만들어 낼 수 있다. 이름에 들어간 제품과 소비자를 위한 특징이 있다면 이를 토대로 브랜드 스토리를 위한 구체적인 가이드를 제시하여 스토리를 받아 볼 수 있게 된다. 예를 들어 '우리 제품은 무항생제 민물 장어야. 부여에서 유기농으로 양식하고 있고 자연이 주는 시간 그대로를 채워서 키우고 있지. 특히 건강에 좋은 장어라서 부여 지역의 학교에 급식으로도 제공할 정도야.' 이를 토대로 장어에 대한 판매자의 진심을 담아 진실한 고백의 형태로 이야기를 만들어 달라고 하면 다음과 같이 나온다.

* 챗GPT 4.0을 활용한 결과

[장어 판매자의 진심을 담은 이야기]

안녕하세요, 저는 부여에서 유기농으로 민물 장어를 양식하고 있는 장어 농부입니다. 저희 가족은 세대에 걸쳐 이 지역에서 살아왔으며, 자연과 함께하는 삶을 소중히 여기고 있습니다. 저희가 키우는 장어는 특별합니다. 왜냐하면 무항생제로, 자연이 주는 시간 그대로 키우기 때문입니다.

장어는 우리 몸에 정말 좋은 음식입니다. 단백질이 풍부하고, 비타민 A와 D, 그리고 오메가-3 지방산이 가득합니다. 이러한 장어를 키우기 위해 저희는 화학 약품 대신에 자연 재료만을 사용합니다. 깨끗한 물, 신선한 먹이, 그리고 천연의 방법으로 장어를 키우려고 최선을 다하고 있습니다.

저희는 이 장어를 부여 지역의 학교 급식에도 제공합니다. 이는 저희가 얼마나 이 제품에 자부심을 느끼고 있는지를 보여 주는 증거입니다. 저희 아이들이 먹는 음식, 그리고 여러분의 가족들이 먹는 음식이 안전하고 건강하다는 것을 보장하기 위해 항상 최선을 다하고 있습니다.

저희 장어를 키우는 것은 단순한 사업이 아닙니다. 이는 저희의 삶이고, 자연과 조화를 이루며 건강한 식재료를 제공하고자 하는 진심이 담긴 일입니다. 여러분께서 저희 장어를 드실 때, 저희의 노력과 사랑이 담긴 건강한 음식을 맛보실 수 있을 것입니다. 감사합니다.

이러한 내용이 10초도 되지 않아 작성되었다. 만약 장어를 판매하는 중소기업 사장님이 이를 활용했다면 본인의 말투와 신념을 토대로 다듬는 작업만 하면 쉽게 완성시킬 수 있다. 이는 회사 홈페이지에 CEO 인사말, 블로그 소개 내용, 제품 소개에 대한 철학 등 다양하게 활용될 수 있을 것이다.

다양한 배너 광고 카피 작성하는 방법

온라인상에서 배너 광고를 제작할 때 카피 문구를 작성해 달라고 하고 글자 수를 매체의 가이드에 맞게 입력하면 꽤 다양한 관점의 카피 초안을 확인할 수 있다. 여기에서 가장 잘 만들어진 카피를 다듬어서 적용한다면 배너 광고 카피는 어렵지 않을 것이다.

이후 광고의 효율성을 확인하기 위해 각 카피 문구별로 상품이 판매된 효율을 매칭해서 챗GPT를 통해 시뮬레이션해 보고 더 좋은 반응이 기대되는 카피 문구를 작성시킬 수 있다. 소비자들이 어떤 키워드에 반응하는지를 분석해 달라고 지시하면 이에 대해 분석하여 보여 줄 것이다. 물론 100% 신뢰할 수 있는 내용이 아닐 수도 있으나 대략적인 흐름에서 참고할 내용으로는 충분할 것으로 생각한다.

챗GPT는 카피라이터로 활용하기에 좋은 서비스라 볼 수 있다. 예를 들어 매우 튼튼한 소재로 변색이 되지 않으며 안전한 반려견 가방에 대해 배너 광고 카피를 요청해 보기로 한다면 기본적인 가이드를 체크해야 한다. 배너 광고의 글자 제한이 12자 이내이며 '봄날의 피크닉'이라는 계절 특성을 반영한 주제로 반려견과 사람의 행복을 위한 가방이라는 방향을 제시하고 카피를 확인해 보기로 하자. "광고 카피라이터 10년 차인 너에게 반려견 가방 광고가 들어왔어. 우리는 이것을 온라인 배너 광고로 만들기 위해서 매체 가이드인 한글 15자 이내로 광고 카피 문구를 여러 개 작성해 보려고 해. 시기적으로는 봄날의 피크닉을 다니는 시기이고, 제품의 특징은 변색이 되지 않으면서 튼튼한 소재로 어디서든 반려견을 안전하게 데리고 다닐 수 있는 가방이야. 이번 일주일 동안만 30% 할인을 진행할 예정이야. 이러한 가이드를 고려해서 온라인 배너 광고 카피를 5개만 제시해 줘. 자연스럽고 흥미로운 느낌의 카피면 좋겠어"라고 입력해 보았다.

* 챗GPT 4.0을 활용한 결과

다음은 자연스럽고 흥미로운 느낌의 반려견 가방 온라인 배너 광고 카피 5개입니다.

"봄 피크닉 가방, 30% 할인 중!"

"변색 없이 튼튼한 반려견 가방"

"안전한 반려견 가방, 봄날 필수템!"

"피크닉 준비 완료, 반려견 가방 세일"

"일주일간 30% 할인, 놓치지 마세요!"

위와 같은 카피 중에서 마음에 드는 내용을 택하고 장

점이 있고 소비자의 흥미를 유발할 수 있는 카피를 정한 후에 이를 다양한 방법으로 발전시켜 보는 것으로 더 나은 광고 카피를 추출할 수 있을 것이다. 또한 배너 광고 디자인도 최종 정리된 카피 기반의 생성형 이미지를 활용하도록 AI에 맡길 수도 있다.

온라인 광고 영상 시나리오 작성

챗GPT는 광고 영상에 대한 시나리오 작성을 쉽게 할 수 있도록 도와 준다. 챗GPT의 특성상, 형태를 갖춘 무난한 시나리오를 빠르게 제시해 준다는 특징이 있다. 그러므로 접근하고자 하는 주제나 주의 사항, 필수 정보에 대한 가이드를 잘 정리하는 것만으로도 결괏값에 대한 만족도를 충분히 높일 수 있게 된다.

예시를 들어 설명하기 위해 다음과 같은 내용으로 챗GPT에 온라인 바이럴 영상의 시나리오를 만들어 달라고 요청했다. 약 20초가 되어 나온 결과물을 소개하려 한다. 일단 여름철에 가장 많이 찾는 모기약을 주제로 예시를 들어 보려 한다.

[넌 20년 차 카피라이터야. 우리는 모기약 광고를 만들고 싶어. 모기약의 이름은 모기제로야. 뿌리는 스프레이 형태로 되어 있고 모기에게 뿌리면 즉시 제거되는 효

과가 좋은 모기약이야. 그러면서 인체에는 무해하다는 장점이 있어. 이런 장점들은 은근히 드러내면서 모기 가족의 입장에서는 가장 공포스러운 온라인 바이럴 영상의 시나리오를 장면별로 구분해서 제작해 줘.]

* 챗GPT 4.0을 활용한 결과

'모기제로' 바이럴 영상 시나리오

장면 1: 행복한 모기 가족

장소: 숲속 한가운데, 평화롭고 조용한 공간

배경 음악: 잔잔한 자연의 소리

내용: 모기 가족(부모 모기와 아기 모기들)이 나무 아래서 피크닉을 즐기고 있다. 아기 모기들이 웃으며 장난치고, 부모 모기들은 행복하게 그들을 바라본다.

아빠 모기: "오늘 날씨 정말 좋구나! 가족들아, 이 순간을 즐기자!"

아기 모기: "아빠, 너무 재밌어요!"

장면 2: 위협의 징후

장소: 같은 숲속, 약간 어두워진 분위기

배경 음악: 긴장감이 감도는 음악

내용: 모기 가족이 갑자기 주변에서 이상한 소리를 듣고 긴장한다. 화면에 '모기제로' 스프레이가 등장하며 멀리서 모기제로가 뿌려지는 장면이 보인다.
엄마 모기: "여보, 저기 저게 뭐야?"
아빠 모기: "무슨 냄새지? 우리 여기서 빨리 떠나야 해!"

장면 3: 도망치는 모기 가족
장소: 숲속에서 집으로 돌아가는 길
배경 음악: 긴박한 음악
내용: 모기 가족이 황급히 날아 도망치며, 모기제로의 스프레이가 점점 가까워진다. 아기 모기들이 두려움에 떨며 부모를 따라간다.
아빠 모기: "빨리! 모두 날아가!"
아기 모기: "아빠, 무서워요!"

장면 4: 집에 도착한 모기 가족
장소: 모기 가족의 집
배경 음악: 긴장감이 풀리며 약간 안도하는 음악
내용: 모기 가족이 집에 도착해 숨을 돌리며 서로를 안심시킨다. 하지만 집 안에서도 모기제로의 향기가 스며든다.
엄마 모기: "우린 이제 안전해…. 아니, 이건 뭐지?"

아빠 모기: "모기제로가 집 안까지 왔어!"

장면 5: 절망하는 모기 가족

장소: 모기 가족의 집 내부

배경 음악: 절망감이 드러나는 음악

내용: 모기 가족이 모기제로에 둘러싸여 갈 곳을 잃고 절망에 빠진다. 아기 모기들이 부모에게 매달리며 울먹인다.

아빠 모기: "이제 더 이상 도망칠 곳이 없어…."

아기 모기: "아빠, 어떻게 해야 해요?"

장면 6: 모기제로의 효과 강조

장소: 모기 가족의 집 외부, 다시 평화로운 숲속

배경 음악: 밝고 긍정적인 음악

내용: 화면이 바뀌며 모기제로의 사용 후 모기 없는 깨끗한 환경이 나타난다. 사람들은 행복하게 야외 활동을 즐기고 있다. 모기제로 제품이 화면 중앙에 크게 등장한다.

내레이션: "모기제로, 모기를 즉시 제거하고 인체에는 무해한 최고의 모기약. 여름을 안전하고 쾌적하게 보내세요!"

장면 7: 마무리

장소: 화면 전환, 제품 정보와 구매처 안내

배경 음악: 밝고 활기찬 음악

내용: 모기제로 제품의 주요 특징이 텍스트로 강조되며, 구매처 정보가 화면에 나타난다.

내레이션: "지금 바로 가까운 매장에서 모기제로를 만나 보세요!"

추가 정보:

장면 전환: 각각의 장면은 부드럽게 페이드인/페이드아웃 효과를 사용해 전환합니다.

제품 강조: 모기제로의 로고와 제품 이미지는 모든 장면의 마지막에 자연스럽게 삽입됩니다.

이런 시나리오로 모기 가족의 입장에서 모기제로의 강력한 효과와 안전성을 강조하면서, 관객들에게 공포와 안도감을 동시에 전달할 수 있습니다.

이상은 챗GPT가 쓴 시나리오다. 모기 가족의 평화로운 일상이 모기제로라는 모기 퇴치제를 만나게 되면서 공포감에 도망을 치게 되고 좌절하게 되는 색다른 관점의 시나리오가 완성되었다. 이는 시나리오의 완성도보다는 챗GPT가 어떻게 구현되는지를 보여 주기 위한 예시다. 광고 바이럴 영상 제작을 위해 챗GPT에게 창의적인 온라인 영상 시나리오를 기대하기 위해서는 특별한 시각을 제시해 주는 것이 중요하다. 왜냐하면 창의적인 생각은 새로운 관점을 제시하고 그로 인한 상상력을 펼치는 것이기 때문이다. 만약 챗GPT에게 모기제로라는 모기 퇴치제의 바이럴 영상을 만들어 달라고 했다면 매우 평이한 스토리를 빠르게 만날 수 있다. 광고 쪽으로 챗GPT를 창의적으로 활용하고 싶다면 이를 지시·활용하는 사람에게 광고에 대한 안목과 기본기, 아이디어에 대한 우수함을 분별할 수 있는 기준이 있어야 할 것이다. 그렇지 않다면 그저 적당히 좋은 시나리오를 매우 좋은 아이디어처럼 생각하고 쉽게 결과물을 내는 것에 만족하는 반면, 좋은 아이디어에 높은 기준을 갖고 있는 광고인이 활용한다면 한층 더 적극적으로 창의적인 방향을 개입하여 설정하고 빠르게 여러 시나리오 중에서 가장 좋은 시나리오를 채택할 수 있게 될 것이다.

이미지 생성 AI의 마케팅 활용 방법

광고는 비주얼(visual)과 카피(copy)를 함께 사용하여 메시지를 전달하며 이는 소비자에게 전달될 확률을 높이기에 효과적이다. 광고에서 비주얼은 소비자의 시선을 빼앗는 데에 필수불가결한 요소로서 그 자체만으로도 강력한 커뮤니케이션의 수단이 되며 광고 메시지를 짧은 시간 내에 인지할 수 있도록 도와준다. 이와 달리 광고 카피는 광고가 전달하고자 하는 바를 간결하게 요약하여 정보를 제공하는 차원에서 매우 중요한 역할을 한다.

전통적으로 두 분야는 각각의 역할로 나뉘어 있다. 광고 회사에서 디자인에 대한 영역은 아트 디렉터들의 것이었다. 시각적인 부분의 콘셉트와 디자인에 대해 작업·결정을 하며 카피라이터와 각자의 영역에서, 그리고 함께 일하며 시너지 효과를 내던 역할이었다. 하지만 AI가 카피라이터처럼 제품의 이름이나 콘셉트, 광고 카피나 시나리오 등을 제작할 뿐만 아니라, 이후에는 아트 디렉터들이 하던 업무인 광고·마케팅 디자인 작업을 이미지 생성형 AI를 통해 수행할 수 있다. 이제 몇 줄의 지시어를 통해 누구나 브랜드 아이덴티티(brand identity) 시각화 작업으로 기업의 로고나 제품 로고, 마스코트나 캐릭터 디자인, 명함 디자인이나 패키지 디자인 등을 진행할 수 있으며, 마케팅 콘텐츠 제작, 광고·프로모션 카피 문구 제작, 디자인 제작도 연결하여 진행할 수 있게 된다. 물론 현재의 AI가 사람의 능력을 뛰어넘는 세부적인 완성도까지는 보여 주지 못하지만, 기존에 불가능했던 영역에 도전하고 어느 정도 활용할 수 있게 한다는 점에서 향후 제작 여건에 많은 변화를 일으킬 것이다.

생성형 이미지를 제작하는 AI는 유료 결제에 한해서 상업적인 활용이 가능하다. 그러나 이미지 생성 AI를 통해 기업의 로고와 브랜드 상표가 직접적으로 드러나는 것은 혹시 모를 저작권법에 문제가 생길 수 있기에 주의해야 한다. 인간의 창작도 무의식중에 봤던 것을 떠올려 의도치 않게 표절하게 되는 경우가 있듯이 챗GPT는 온라인상의 데이터를 가지고 학습하여 변형 · 적용 · 제시하는 특징이 있기 때문이다. 상표권 등록이라는 과정을 거쳐서 변리사에게 문의하고 상업적 활용에 이상이 없는지 확인하는 과정이 필요하다. 특히 인공지능 AI가 만든 결과물을 이용할 때 고려할 사항으로는 인공지능이 만든 결과물임을 명시하는 출처 표기, 표절, 초상권, 퍼블리시티권 등에 주의해야 하며, 저작권 보호를 위해 사람이 창작한 내용을 많이 포함시켜야 하고 AI 생성물의 보호 여부와 상관없이 다른 사람의 성과물을 무단으로 도용하지 않도록 신경을 써야 한다.

카피라이터의 역할은 AI의 시대에 어떻게 될 것인가. 콘셉트를 잘 뽑아내고 한두 줄의 카피를 잘 쓰는 TV 광고 시대의 카피라이터라면 금방 대체될지 모를 일이다.

하지만 광고 역시 매체의 형태에서 벗어나 다양한 아이디어와 콘텐츠로 무엇이든 될 수 있고 어떤 것이든 할 수 있는 가능성이 열리게 되었다. 따라서 카피라이터는 아이디어를 중심으로 AI를 통한 새로운 창작의 영역에서 다양한 광고를 제작할 수 있게 되었으므로 이제 카피라이터의 역할은 더욱 중요해질 것이다. 현존하는 모든 AI 창작의 도구가 프롬프트(prompt)와 같은 명령어로 되어 있으므로 어떤 제작물이든 세밀하게 작업할 수 있게 만드는 것 역시 카피라이터가 할 수 있는 대단히 중요한 영역이 될 것이기 때문이다.

참고문헌

김철기 외(2017). 인터랙티브 영상의 시청자 형태모델 정의를 위한 감성어휘 연구. ≪한국디자인포럼≫, 54, 27-38쪽.

이병관·문영숙(2007). 광고 비주얼과 카피의 구조적 관계유형 분석연구. ≪한국심리학회지: 소비자·광고≫, 8(2), 235-258쪽.

홍영일(2022). 표현유형별 유머소구가 브랜드태도, 브랜드신뢰와 브랜드충성도에 미치는 영향. ≪브랜드디자인학연구≫, 20(1), 5-16쪽.

04
AI와 프리 프로덕션

광고 콘텐츠나 영상 제작을 위해서
프리 프로덕션의 기획 단계는 필수다. 특히
아이디어의 발상을 위한 브레인스토밍은
생각의 방향의 다채로움을 많은 인원과 나누며
가장 최적의 기획안을 만들어 내기에 좋은
과정이었다. 그리고 시나리오 작업이나
스토리보드 제작, 촬영에 대한 다양한 준비들이
AI를 만나자 새로운 방식이 도입되기 시작한다.

AI와 사주?

아이디어와 매체, 그리고 영상 콘텐츠

아이디어가 매우 중요한 광고 회사의 경우에 좋은 아이디어를 찾기 위해 수많은 인원이 회의실에 모여 다양한 관점과 경험이 담긴 아이디어들을 선보이며 열띤 토론을 벌였다.

세계 곳곳의 유명 광고 회사들은 아이디어의 프로세스를 독창적으로 정립해 나가며 아이디어 방법론에 대한 체계를 잡아 가기도 했고 이를 토대로 참신한 아이디어를 경쟁력으로 삼아 발전해 왔다. 프리 프로덕션은 촬영하기 전까지의 아이디어 기획은 물론이고 다양하게 촬영 준비를 할 수밖에 없었다. 특히 다양한 관점을 토대로 더 좋은 아이디어를 선별해 나갔다. 아이디어는 다양성을 토대로 발견되기 때문이었다. 선정된 아이디어는 최선을 다해 광고주를 설득하고 실행하며 소비자들에게 좋은 결과를 달성하기 위해 노력했다.

영상 제작은 크게 3단계로 정리된다. 첫 번째는 기획 단계인 프리 프로덕션 단계다. 이 과정에는 완성된 아이디어 토대로 나온 광고 시나리오를 토대로 배우 섭외, 촬영 장소 선정, 촬영과 조명 장비 세팅, 촬영 스케줄을 협의하고, 사전에 준비되어야 하는 배우들의 헤어와 메이크업, 의상을 비롯하여 촬영에 필요한 미술 소품이나 주문해야 할 재료 등을 체크하여 준비한다.

두 번째는 제작 단계인 프로덕션이다. 기획 단계에서 준비한 것을 토대로 촬영에 들어간다. 정해진 촬영 순서대로 촬영하며 스크립트(script)에 맞춰 제작한다. 이때 조명과 촬영이 적절히 위치하여 해당 촬영 장면에 적절한지를 살피면서 진행되며, 향후 후반 작업으로 편집할 것을 예상하며 최대한 담아낼 수 있는 컷들을 진행한다. 촬영하는 대상이나 배우에 따라 소품 · 의상 · 미술 스태프들이 호흡을 맞춰 움직이며, 편집에 활용하기 위해 다양한 대체 컷인 얼터(alter)나 영상 사이사이에 들어갈 인서트(insert)를 촬영한다.

세 번째는 후반 작업이라 불리는 포스트 프로덕션(post-production) 단계다. 촬영된 데이터를 관리하면서 편집을 진행한다. 기본적인 컷 편집을 토대로 클라이언트(client)와 의견을 주고받으며 수정 작업을 한다. 컷 편집이 완료되면 여기에 시각적 효과로 2D · 3D 시각 디자인과 모션 그래픽(motion graphic) 작업을 하고 오디오 부분을 구상하여 배경 음악이나 배우의 후시 녹음을 비롯한 사운드의 상세한 부분들을 믹싱하여 후반 작업을 한다. 최종으로 완성된 영상물에는 색 보정을 하여 전체의 영상 완성도를 높이는 작업을 한다.

전통적인 영상 제작 방식은 전체 제작 단계를 중심으로 분업화되어 있고 한 편의 상업적인 광고 영상을 제작하는 데에는 많은 비용과 시간이 투입될 수밖에 없었다. 영상은 전문성의 결합, 즉 여러 인력이 각자의 전문성으로 협업하여 완성하는 과정이기 때문이다. 과거의 광고 영상 제작비는 마케팅에 매우 큰 비중을 차지할 수밖에 없었다. 하지만 TV나 극장이 차지하던 영상 매체 독점성을 온라인에 넘겨주게 되면서 소비자들은 다양한 형태·장르의 광고 영상을 흥미롭게 선택적으로 볼 수 있게 되었다. 인기를 독점하던 극소수의 광고 모델과 배우들이 지녔던 영향력이 온라인 유튜버(Youtuber)나 인플루언서(influencer)에게 흘러가게 되었고, 대중의 인식을 좌지우지할 수 있는 매체의 권력을 장악하던 방송국과 극장이 유튜브와 소셜 채널들, 그리고 넷플릭스와 같은 OTT(over-the-top media service) 서비스에 영향력의 상당 부분을 넘겨줄 수밖에 없게 되었다. 그리하여 영상 제작의 콘텐츠들이 다양한 형태로 제작되어 소비자들에게 유연하게 노출되는 시대가 왔다.

고품질 영상을 촬영할 수 있는 성능의 카메라가 일반 대중에게 보편적으로 확산될 정도로 문턱이 낮아졌고, 개별 소비자들이 소유한 스마트폰의 영상 촬영과 편집 기능만으로도 인기 영상을 제작할 수 있는 시대가 되었다.

유튜버들은 본인들의 장점과 매력, 콘텐츠 영상 아이디어를 통해 다양한 스타를 배출하기 시작했고, 이는 유튜버들을 매니지먼트하는 MCN(multi channel network) 산업으로 이어져 수익을 거두며 발달을 가속화시켰다. 촬영과 편집이 시스템의 전유물이 아닌, 누구나 영상을 제작하는 크리에이터(creator) 시대가 되었고, 개인들도 쉽게 접근할 수 있는 프로그램들이 많이 양산되었다. 이제 각 지역의 공무원들도 지역을 홍보하면서 인기를 얻는 크리에이터가 되는 시대다. 이 현상은 매체의 절대적 중요성에서 콘텐츠가 중요해진 시대가 되었다는 반증이기도 하다.

AI로 인한 촬영 준비의 변화

촬영을 준비하는 단계에서 텍스트로 이루어진 시나리오가 이미지로 구현되어 모든 스태프가 촬영 현장에서 동일한 이해도를 갖는 것은 무척이나 중요한 일이다. 서로 다른 이미지를 그리고 있다면 호흡이 맞지 않고 촬영하면서 여러 어려움이 발생하기 때문이다. 연출자의 의도와 내용의 흐름, 카메라의 위치와 조명의 역할, 미술 감독과 배우의 사전 준비와 연기 및 진행 등을 위해서라도 모든 영상 제작 스태프가 동일한 그림을 그리고 준비된 상태여야 한다.

그래서 촬영을 들어가기 전에 광고 회사들은 프로덕션과 함께 PPM이라는 과정을 통해 촬영 전 모든 사항을 광고주에게 소개하고 촬영 전에 체크해야 할 사항들과 준비 상황에 대해 의논한다.

이때 촬영하기로 한 내용에 대해 전반적인 설명을 하는데 시나리오에 대한 설명이 스토리보드(storyboard) 형태로 구체화된다. 텍스트나 관련 이미지로 설명되었던 기존의 아이디어 기획안이 스토리보드 작가에 의해 디테일하게 이미지로 그려져, 광고 영상 촬영 전에 모든 관계자가 동일한 상상을 하며 촬영을 준비하고 진행할 수 있도록 돕는다. 상세한 스토리보드를 토대로 촬영 전 마지막 점검을 하게 되며 광고주는 스토리보드 촬영 계획 내에 있는 모든 요소를 눈여겨보고 피드백을 줄 수 있다. 이를테면 중요한 장면에서 배우의 행동이라든지 제품이 등장하는 장면에서 특정 효과나 연출 유의 사항에 대해서 정확하게 의견을 나눌 수 있게 된다.

또한 PPM 노트 안에는 이 외에도 촬영과 그 이후의 후반 작업 계획까지 모든 부분이 종합적으로 정리되어 있다. 이때 광고 회사 크리에이티브 디렉터나 감독은 사전에 정리된 것을 상세하게 광고주에게 설명하고 선택이 필요한 사항에 대해서 질문하며 확정해야 할 것들을 챙긴다. 예를 들어 조연의 경우 여러 후보의 연기 영상을 보여 주며 이 중에서 마음에 드는 배역의 배우를 고르도록 의견을 구하거나 조주연 배우들의 헤어 · 메이크업 · 의상, 브랜드 컬러에 맞는 소품 활용이나 로케이션에 대한 의견 등에 대해 묻고 답하며 필요한 준비를 확정하는 것이다.

캐스팅된 배우가 유명 배우라면 특별히 배우 컨디션이나 소속사의 의견이나 상황, 스케줄에 대한 이야기를 비롯하여 전속 스태프로 구성된 헤어 · 메이크업 · 의상에 대해 더 구체적이고 섬세하게 이야기를 나누기도 한다. 또한 핵심 역할이 되는 제품이 촬영장에 준비되어야 할 상태나 개수에 대해서, 또는 유의 사항에 대해서 의견을 나누고 중요 소품이나 미술에 대한 준비 사항, 촬영이 진행될 스튜디오의 위치라든지 세트 제작 상황에 대한 준비 등에 대해서도 구체적인 설명 과정과 회의를 거친다.

AI는 이러한 촬영 현장에서 인간이 준비해야 하는 번거로운 수고들을 지속적으로 줄여 줄 것이다.

우선 현재의 챗GPT나 미드저니(Midjourney), 스테이블 디퓨전(Stable Diffusion), 달리(Dall-E) 등을 통해 인간이 그린 스토리보드에 의존하던 기존의 작업 방식에서 서서히 생성형 이미지를 제작하는 AI 작업의 도움을 받는 방식으로 바뀌고 있다. 텍스트를 기반으로 구체적인 이미지에 대해 설명하면 이를 해당 이미지로 그려 주는 방식이다. 스토리보드의 그림체에 맞는 이미지를 학습시켜서 동일한 이미지들을 만들어 내도록 제시할 수 있으며 부분적으로 수정할 수도 있다. 챗GPT의 유료 버전에서도 제작이 가능하며 GTP 탐색이라는 메뉴 중 스토리보드 아티스트(storyboard artist)라는 서비스로 들어가 스토리보드 이미지를 제작해 달라고 요청하면 기성 스토리보드 작가만큼은 아니지만 비슷한 느낌으로 일관성 있는 작화 작업을 진행해 준다. 이를 토대로 광고 회사 제작 팀 혹은 프로덕션에서는 스토리보드 작업에 드는 시간과 비용을 절약할 수 있게 될 것이다. 이미 해외에는 AI가 촬영 준비를 효과적으로 도와주는 것으로 유명하다. 미국 엔드큐(End Cue)의 '애자일 프로듀서(Agile Producer)' 플랫폼은 각본을 분석해 촬영에 필요한 캐릭터, 소품, 오디오 · 비디오 효과 등의 요소를 추출하고, 이를 통해 배우 스케줄과 촬영 장소, 필요 장비, 날씨, 예산 등을 고려하여 자동으로 최적의 촬영 스케줄을 관리해 주는 시스템이다.

이 외에도 배우 섭외나 촬영 구도 등 영상 제작에 필요한 최적의 옵션을 제안해 주는 인공지능 왓슨(Watson)은 IBM이 개발한 AI 조수로, 배우들의 얼굴들과 각 장면마다 나오는 배경의 영상 분석을 통해 최적의 배우들을 나열하여 감독의 배우 캐스팅에 도움을 주며, 영상의 스토리를 이해하여 촬영의 구도를 도와준다. 2016년에 이미 20세기폭스사의 SF 스릴러 영화 〈모건(Morgan)〉의 예고편을 AI 영상 편집으로 제작하기도 했다. 광고와 영상 콘텐츠의 촬영 준비는 많은 부분이 인간의 영역으로만 존재했으나, 향후 AI의 보조로 인해 더욱 효율적인 촬영 준비 시스템이 갖춰질 것으로 예측해 볼 수 있다.

영상 콘텐츠의 흥행, 데이터로 검증하다

콘텐츠 창작에서 가장 우려스러운 것은 광고 혹은 영화 등의 영상 콘텐츠가 과연 소비자나 시청자들에게 흥행할 수 있냐 하는 문제다. 과거에는 이에 대한 예측을 제작자의 감각이나 대중의 눈높이에 맞춘 흥행 전략 등 직감이나 흐름에 의존해 왔다.

하지만 AI를 활용하여 데이터를 분석하거나 시나리오

의 패턴을 학습·분석시키면 콘텐츠의 흥행 여부를 미리 짐작하고 예상하는 것은 물론이고 소비자나 대중이 흥미를 느끼고 열광하는 부분이 무엇인지 파악하여 이를 시나리오나 촬영에 반영할 수 있게 된다. 영상은 제작 목적에 따라 추구하고자 하는 바가 다르며 그중 인터랙티브 영상 제작을 위해서는 영상의 제작 목적에 대한 고려와 시청 동기에 대한 파악이 이루어져야 한다. 그러고 난 뒤에 이를 시나리오에 반영하고 시청자의 욕구에 대해서도 조사해야 한다. 시청자들의 욕구를 충족시켜 주려는 내적인 내러티브와 외적인 디자인 요소를 모두 고려해야 하는 것이다. 그런데 AI를 활용하여 이러한 욕구를 정확하고 빠르게 조사해 성공한 사례가 있다. 대표적인 예가 바로 미디어 라이트 캐피털이 제작하고 넷플릭스(NETFLIX)에서 2013년 2월 1일 독점 공급한 정치 드라마 〈하우스 오브 카드(House of Card)〉다. 기존 TV 네트워크에서는 정치 드라마가 성공한 사례가 없었다는 이유로 이 시나리오가 드라마로 제작되는 것은 어려웠다. 하지만 넷플릭스는 당시 3300만 가입자의 개별 시청 습관에 대한 데이터를 기반으로 드라마 흥행 여부를 판단해 제작 지원과 유통을 진행하기로 결정한다. 〈하우스 오브 카드〉는 13개 에피소드를 한 번에 출시하여 몰아보기를 제공하여 몰입도를 높였고 자유로운 내용 구성과 시청에 방해되지 않는 연출이 특징이다. 특히 시청자들의 데이터를 기반으로 반응도를 체크해 시나리오에 반영하여 제작하였고 어떤 구독자가 얼마나 오래, 어떤 것을 시청하는지 체크하는 것으로 흥행할 수 있었다. 이 결과 넷플릭스의 당시 순이익은 2013년 37억5000만 달러(약 3조8175억 원)을 기록했다. 한때 실적 부진으로 나스닥 퇴출까지 걱정했던 넷플릭스는 이후 영화로 지평을 넓혀 전 세계 구독자를 사로잡는 성공을 거두었다.

데이터를 기반으로 소비자를 학습하고 이를 즉시적으로 흥행에 반영하는 것은 앞으로도 계속 지속될 추세다. 특히 AI를 통한 기획력과 흥행 여부의 예측은 더욱 가속화되리라고 전망된다. 2015년부터 이스라엘 스타트업 업체 볼트(Vault)에서는 AI로 약 40만 개의 시나리오를 학습하여 흥행의 패턴을 분석하였고, 새로운 시나리오 흥행 여부 예측에서 약 70%의 정확도를 보이기도 했다. 이는 영상 콘텐츠의 실패로 인한 리스크를 상당히 줄여주고 소비자들에게 양질의 콘텐츠를 제공한다는 점에서 지속적으로 발전할 분야다.

AI가 최초로 창작한 영화 시놉시스도 있다. 〈임파서블 싱(Impossible Things)〉이라는 영화다. 캐나다의 그

린라이트 에센셜(Greenlight Essentials)에서는 세계 최초로 인공지능에 수천 편의 공포 영화 시놉시스를 학습시켰고 그 결과 흥행 가능한 줄거리와 캐스팅의 구체적인 조합을 생성할 수 있었다.

최근에는 AI로 제작된 영화들을 위한 영화제가 신설되고 있으며 전통적인 영화제들에서도 AI 부문이 생기고 있음을 보면 향후 AI로 인한 기획은 물론이고 제작에 이르기까지 다양하게 발전할 것으로 전망한다. 광고 쪽에서도 인간 대 인공지능의 광고 대결이 한때 이슈가 되었다. 일본 껌 브랜드 클로레츠(Clorets)가 기획한 것으로 "빨리 입을 상쾌하게, 10분 동안 오래가는"이라는 주제로 제작되었다. 인간과 인공지능의 광고 대결은 홈페이지를 통해 공개되어 창의성에 대한 투표를 벌였는데, 54% 대 46%의 근소한 차이로 인간이 창작한 광고가 승리를 거두었다.

이 근소한 차이는 앞으로 좁혀지거나 역전될 가능성이 충분하다. 광고 회사 맥켄에릭슨은 인공지능 크리에이티브 디렉터 '베타'가 일하고 있는데, 회사 사원들과 동등한 위치에서 인공지능 CD가 광고 데이터를 분석하고 광고 대본을 작성하여 아이디어를 제시하는 일을 하고 있다. 게다가 일본의 대표적인 광고 회사 덴츠는 인공지능 카피라이터 아이코(AICO)를 개발하여 창의성의 선두에 있는 광고 제작 분야에도 인공지능이 충분히 활용될 수 있음을 보여 주고 있다.

창작의 분야에서는 AI를 만나 다양한 콘텐츠가 제작되고 있다. 제안서나 기획서의 구성을 마치면 이를 파워포인트(Power Point)에 디자인하여 발표 준비를 해 주는 서비스, 다양하게 활용될 수 있는 저작권까지 갖춘 음악을 작사 · 작곡해 주는 AI 서비스, 영상을 편집하고 자막을 자동으로 넣거나 효과를 입히는 AI 서비스 등 다양한 방식으로 제작 환경을 더 편리하게 해 줄 것이다.

참고문헌

이주영(2021.7.12). 생활 깊숙이 침투한 '인공지능', 미디어가 내 취향을 아는 방법. ≪데일리팝≫, https://www.dailypop.kr/news/articleView.html?idxno=52198

이주현(2022.2.27). 인공지능과의 공존, 상생 위해 질문을 던져야. ≪오마이뉴스≫, https://omn.kr/1xebx

최충웅(2023.6.23). 4차 산업혁명과 미디어 미래. ≪뉴스프리존≫, https://www.newsfreezone.co.kr/news/articleView.html?idxno=479904

함경준 외(2018). AI기술이 영상 미디어 생태계에 미치는 영향과 방향. ≪방송과 미디어≫, 23(1), 56-65쪽.

05
AI와 프로덕션: 그래픽 디자인 베이스 영상

프로젝트 목적에 맞는 아웃풋을 만들려면 적절한 제작 방법의 선택이 필요하다. 주어진 기간과 견적 안에서 크리에이티브와 생산성을 향상하는 것은 언제나 제작자에게 큰 숙제였다. AI 기술은 더 다양한 프로그램과 플랫폼에서 사용하기 편리하고 성능도 크게 향상되어 그래픽 디자인을 베이스로 하는 영상 디자이너에게 또 다른 기회를 제공하기 시작했다.

AI와 아이돌?

그래픽 디자인 베이스의 프로덕션 환경의 변화

영상 제작 단계는 크게 ① 프로젝트의 방향을 결정하고 제작 방법에 따른 기획과 준비가 이루어지는 프리 프로덕션, ② PPM에 따라 현장에서 영상을 촬영하는 프로덕션, ③ 촬영이 완료된 후 최종적 완성을 위해 편집 · 합성 · 색 보정 등의 과정이 진행되는 포스트 프로덕션 단계로 나누어 볼 수 있다. 프로덕션 단계에서 영상 아웃풋의 기준은 촬영된 소재를 기반으로 한 촬영 베이스의 영상과 2D · 3D를 활용한 그래픽 디자인이 기본이 되는 영상으로 나눌 수 있다. 촬영물이 베이스가 되는 전자의 경우 프로덕션 단계에서 PPM대로 잘 준비된 현장에서 촬영한 결과물을 바탕으로, 자막이나 VFX(visual effects), 합성에 활용하려는 용도로 2D · 3D 그래픽을 제작하는데, 이 장치들은 청자들이 느끼게 되는 전체적인 영상의 퀄리티를 높이거나 이해를 돕는 용도, 또는 영상의 독특함을 만들어 몰입감을 올리는 수단으로 사용된다. 즉 영상의 보조재이지 핵심은 아니다.

반면에, 2D · 3D을 활용한 그래픽 디자인이 움직이며 프레임과 프레임을 채우고 이야기를 만들어 나가는 모션 그래픽 영상물은 기획 단계에서 목적을 세우고 그 목적에 맞는 의미를 전달한다는 공통점 외에, 제작 단계에서는 촬영 결과물이 오히려 디자인을 위한 소스로 활용되며 그 외에 필요한 부분을 그래픽 툴 등으로 만들어야 하므로 디자이너의 역량이 핵심이라고 할 수 있다. 이러한 모션 그래픽은 영상 커뮤니케이션 언어로서 움직임(motion)과 그래픽(graphic)이 합쳐진 합성어다. 모션, 즉 움직임은 시간에 따른 상황의 변화가 인간의 눈으로 인식되는 것을 말하며, 그래픽은 이미지나 텍스트 등 다양한 2차원적 시각적 형상을 말한다. 모션 그래픽은 공간적 프레임 안에서 x, y, z축 그리드의 원리에 의하여 2D · 3D 그래픽 요소와 시간적 요소가 사운드와 결합된 형태로 구성된 것이다. 다시 말해 모션 그래픽은 그래픽 디자인과 움직임, 그리고 사운드를 융합하여 표현하는 영상 기법이다. 모션 그래픽은 기본적인 타이포그래피, 이미지, 공간과 시간, 사운드, 컬러의 제작 요소들이 함께 결합되어 표현된다. 또한 이러한 제작 요소를 기초로 하여 표현하는 방법에는 모션 타이포그래피, 오버랩 기법, 로토스코핑 기법, 일러스트레이션 기법, 몽타주 기법 등이 있어 창의적이면서 독창적이고 효과적인 영상을 표현할 수 있다(김정호, 2017).

모션 그래픽을 활용한 광고는 브랜드 마케팅 수단의 기본으로 자리 잡은 지 오래이며, 모바일폰의 작은 디스플레이부터 삼성동에 위치한 대형 디지털 옥외광고(DOOH)인 K-pop스퀘어의 디스플레이까지 다양한 용도와 크기로 소비된다. 즉 그만큼 다양한 형태로 제작되며 수많은 플랫폼에서 각각의 포맷으로 송출되므로 제작 단계에서 요구되는 기술력도 다양화 · 고도화되어 가고 있다. 디스플레이와 제작 장비들의 발전으로 스크린이 대형화되고 그 안에 표현되는 이미지 소재들도 2차원으로 표현되는 평면을 넘어서 공간적인 개념을 적극적으로 포함하고 있다. 또한 소셜 미디어의 일상화는 모바일 콘텐츠를 위주로 짧은 길이의 영상이 빠르게 소비되는 양상으로 바뀌었다. 이러한 이유로 모션 그래픽을 기반으로 하는 영상 제작의 프로덕션 단계에도 많은 변화가 일어났다.

이러한 변화는 제작 기간에 따른 아웃풋의 품질과 밀접한 연관을 가진 모션 그래픽 프로덕션 단계에 영향을 미치고 있다. 모션 그래픽의 가장 기본적인 기능은 영상 내의 각 비주얼 미디어들에 그래픽과 애니메이션을 이용한 모션을 제공하는 것이다. 영상에 모션을 삽입하기 위하여 키 프레임을 설정하고 추가될 그래픽이나 영상에 대한 마스크 · 합성, 애니메이션 효과를 위한 파티클 효과 등과 같은 영상 디자인 기술을 적용하여 콘텐츠 주제와 부합하는 다이내믹한 화면을 생성하는 영상 디자인 표현력이 모션 그래픽의 장점 중 하나다(김종성, 2008).

콘텐츠의 소비 기간이 짧아지고 상대적으로 만들어내야 하는 아웃풋의 개수와 퀄리티, 해상도는 올라가고 있는 상황에서, 제작 기간에 비해 다양한 베리에이션이 존재하고 3D 오브제의 활용과 공간이 고해상도로 표현되는 콘텐츠들의 제작은 작업의 파이프라인을 복잡하게 만든다. 디자이너가 영상의 기획 단계에서부터 모션에 창의성을 더하고 디테일을 추가하는 작업을 하는 대신에, 개수를 채워 결과물을 완성하는 데에 집중하게 만들어 품질의 저하로 이어질 수 있는데, 특히 대화면의 디스플레이를 위한 높은 해상도의 작업물이라면 더욱 그러한 경향이 있다. 시장의 요구가 이처럼 변화하지만, 전통적 프로덕션 환경에서 문제를 해결하려면 어느 정도 목표가 정해진 아웃풋에 같은 기간 더 많은 인원이 투입하거나, 적은 인원이 더 많은 시간을 일해야 결과에 도달할 수 있다는 결론을 얻을 수 있으니, 결국 프로젝트 견적의 상승 또는 디자이너의 과중한 업무로 이어지게 된다.

그래픽 디자인을 기반으로 한 영상 제작은 많은 시간과 노력이 소요되는 작업이다. 이러한 시대의 흐름에 맞춰 프로덕션 환경에서 제작 생산성과 크리에이티브 프로세스의 변화가 필요한 시점에서 2023년을 기점으로 AI가 영상 제작 단계 전반을 돕는 경향이 확대되고 있다.

AI를 활용한 프로덕션

그래픽 디자인을 기본으로 하는 모션 그래픽은 점점 다양해지는 플랫폼 · 포맷들과 이에 맞물려 빠르게 바뀌는 시장의 요구 사항에 맞춰 디자이너에게 더 많은 창의성과 기술적 능력을 요구하며 곧 많은 시간과 노력이 필요하게 된다. 이러한 모션 그래픽 영상의 프로덕션 단계에서 AI를 활용하는 것은 디자이너와 아티스트들에게 크게 도움이 될 수 있다.

무엇보다 영상에 활용되는 소스를 직접 제작 · 가공해야 하는 경우가 많은 모션 그래픽 디자이너에게 AI 활용은 '미드저니'나 '스테이블 디퓨전', '파이어플라이(Firefly)'와 같이 이미지 생성형 AI 프로그램을 활용하여 영상 소스, 스토리보드 제작 등에 활용할 수 있는 이미지를 만들어 낸다는 작은 개념의 접근부터, 프로덕션 제작 전반에 표준 도구로 활용되는 어도비(Adobe)의 AI 엔진인 어도비 센세이(Adobe Sensei)와 같이 제품과 서비스에 AI를 통합시킴으로써 그래픽 디자인 작업과 영상 제작 전반의 생산성과 완성도를 높인다는 폭넓은 개념으로 발전하고 있다. 모션 그래픽 제작 과정에서 AI 기술의 발전과 활용이 가져오는 의의는 크게 세 가지로 나눠 볼 수 있다.

첫째, 작업 효율성 증대다. AI는 복잡하고 시간이 소요되는 반복적인 작업을 자동화하여 디자이너가 더 창의적인 작업에 집중할 수 있게 도울 수 있다. 예를 들어 어도비 포토샵의 개체 선택 도구(object selection tool)의 경우 이미지에서 사람, 하늘, 건물, 산 등의 개체나 영역을 선택하는 프로세스를 혁신적으로 간소화시켰다. 몇 년 전까지도 작업자가 펜 툴을 활용하여 마스크를 위한 경계선을 만들어야 했던 작업이 원하는 개체 또는 영역 둘레에 간단히 직사각형이나 올가미로 그리거나 개체 선택 도구(select objet tool)를 클릭하는 것 한 번으로 이미지 내의 개체나 영역을 자동으로 감지하고 선택 · 분리할 수 있게 되었다. 이 기능은 버전이 업데이트되며 더욱 세밀하게 조정되어 소스로 활용될 인물의 머리카락이나 동물의 털, 잎사귀와 가지가 무성한 나무의 윤곽선 등 복잡한 형태의 사물을 세밀하게 인식해 개체와 배경을 분리하는 데에 걸리는 시간을 혁신적으로 줄여 주었다. 특히나 여러 장의 연속된 사진으로 구성되는 영상 작업에서는 더욱 효과적인데 이는 디자이너의 반복 작업을 줄여 노력과 시간을 절약해 프로젝트 전반의 제작 기간 단축에도 도움이 된다.

둘째, 품질 향상이다. 이미지나 비디오 가로와 세로 방향으로 몇 개의 픽셀이 있는지를 나타내는 해상도는 영상과 이미지의 품질을 결정짓는 중요한 요소이며 해상도가 높을수록 더 선명하고 디테일한 이미지를 제공한다. 통상적으로 HDTV, OTT 등의 서비스를 위한 고화질 온라인 스트리밍에 대부분 사용되는 FHD(Full HD)의 경우 1920×1080의 해상도를 가진다. 즉 디스플레이 상에서 '화소'라고 부르는 화면을 이루고 있는 가장 작은 입자의 수가 8,294,400개인 것이다. 요즘은 대형 DOOH (Digital Out of Home)나 4K TV, 디지털 영화관 등에는 이보다 4배 더 많은 픽셀을 가진 UHD(Ultra HD)인 3840×2160가 보편화되었다. 제작 목적에 부합하는 키프레임 작업과 시선을 사로잡는 화면 전환(transition)으로 구성된 영상이라도 사용 소스의 품질이 좋지 못하면 시청자의 몰입감을 저하하는 요소가 된다. 선명하고 대화면으로 송출되는 영상에 사용되는 이미지, 영상 소스의 선명도 또한 품질을 결정하는 중요한 요소가 되었다. AI 기술의 발전으로 이러한 소스의 크기와 품질을 쉽게 향상시킬 수 있는 단계에 도달하였다. 기존에는 숙달된 디자이너라도 아주 작은 해상도의 소스를 업스케일링(up-scaling)시키기 위해서는 시간과 노력을 들여 이미지를 다시 그리는 과정이 필요했고 불가능한 경우도 허다했다. 하지만 토파즈 AI(Topaz AI)와 같이 AI를 기반으로 한 강력한 보정 프로그램은 몇 번의 인터페이스 조정으로 손쉽게 이미지나 영상을 업스케일링시킬 수 있게 만들어 주었다. 확대에 초점이 맞추어진 프로그램이지만 업데이트되면서 품질 향상을 위한 노이즈 제거·감소, 선명한 이미지를 위한 샤프닝(sharpening), 이미지에 감지된 얼굴을 별도로 편집할 수 있는 기능, 이미지상의 특정 텍스트 등을 유지하는 기능 등이 추가되었다. 결과물에 따라 과도하게 처리된 이미지가 생성되어 작업물이 인위적이고 건조해질 위험이 있지만 발달하는 AI 기술은 기존 프로덕션 프로세스에서 제한적이거나 불가능했던 작업을 가능하게 만들었으며 이는 전반적인 영상 품질 향상으로 이어진다.

세 번째로 창의성의 확장이다. AI는 다양한 디자인 옵션과 스타일을 제안하여 디자이너의 창의성을 확장하는 도구로 사용될 수 있다. 미드저니나 스테이블 디퓨전, 파이어플라이 등의 이미지 생성형 AI 플렛폼들은 인물과 배경을 중심으로 디자인 소스 활용을 위해 사용하던 셔터스톡(shutterstock.com) 등 스톡 이미지 사이트를 대체하고 더 나아가 창작자가 원하는 정확한 스타일을 연출할 수 있다는 장점이 있었다. 이러한 인물과 배경이 위주가 되는 촬영 기반의 이미지뿐 아니라 그래픽 디자인 측면의 활용이 서서히 늘어나 기업의 로고, GUI(graphic user interface), 일러스트 등으로 그 쓰임새가 점차 확장되었고 이는 모션 그래픽을 위한 그래픽 제작 측면에서 창의성에 도움을 줄 수 있다. 예를 들어, 미드저니의 'image to image', 'text to image'를 실행할 경우 다양한 변수의 결과물을 얻을 수 있는데 이 과정에서 창작자가 예상하는 결과물 외에 새로운 기법이나 스타일 요소를 발견하고 추가할 수 있어 창의적인 아이디어를 확장하는 데에 도움이 된다.

참고문헌

김정호(2017). 『모션 그래픽 광고가 수용자 성향과 해석수준에 따라 광고효과에 미치는 영향』. 홍익대학교 디자인콘텐츠대학원 석사학위 논문.

김종성(2008). 『디지털 영상 콘텐츠에 적용된 모션 그래픽의 표현특성에 관한 연구: 영화 예고편 및 영화 오프닝 타이틀의 모션 그래픽 효과분석을 중심으로』. 국민대학교 테크노디자인전문대학원 박사학위 논문.

06

AI와 프로덕션: 촬영 베이스 영상

촬영이 전제되는 프로젝트는 필연적으로 많은 준비와 인원, 필요에 따라서는 다양한 장소가 요구되어 왔다. 기술의 발전으로 영상 제작의 패러다임이 빠르게 변화하고 있으며 이러한 요구에서 차츰 자유로워지면서 과거에 비해 감독과 스태프들에게 더 많은 기회와 시간이 주어졌지만 그만큼 영상 제작물을 바라보는 광고주와 대중의 눈높이도 올라갔다. 영상 제작에서 AI의 활용이 그들의 눈높이를 맞추고 제작자의 상상을 현실로 만들어 주는 도구로 활용되고 있으며 이에 따른 시장의 제작 방식도 변화하고 있다.

AI와 야구?

영상 제작 패러다임의 변화

AI의 활용은 영상 관련 산업 전반에 거대한 변혁을 일으키고 있다. 제작 과정 전반에 활용되며 생산성을 높여 창작 시간을 절약하고 제작자들의 효율을 높이는 동시에 이에 따라 제작 원가도 절약할 수 있다. 특히 영화 작품 같이 호흡이 긴 제작물의 경우 시나리오나 배우의 연기만큼 영상 품질 또한 중요한데, AI를 활용하여 창작 부분에서의 원가를 줄인다면 제작 품질을 높이는 데에 더 많은 예산을 쓸 수 있다. AI의 발전을 현재 영상 제작 단계에 대입한다면 촬영 단계, 즉 프로덕션 단계에서의 용도는 가상 촬영, 모션 캡처(motion capture) 장비, 드론이나 카메라 등 하드웨어에 탑재되어 창작물의 정교함을 높일 뿐 아니라 그동안의 촬영 기술로 담아내기 어려운 장면을 만들어 낼 수 있어 영상 아웃풋 자체로서의 품질을 높이는 방향으로 발전되고 있다. 이는 창작자나 감독의 의도를 더 적은 시간과 인력, 비용을 사용하여 의도에 부합하게 완성해 낼 기회를 제공한다.

2009년 〈아바타〉 영화 개봉 이후 가상 제작 기술이 급속히 발전하였다. 이후 '가상 제작'은 빠르게 영상 제작 방식의 하나로 자리 잡았는데 이는 컴퓨터 알고리즘과 연산력의 대대적인 발전을 바탕으로 한다.

실시간 가상 카메라 추적 시스템은 일명 가상 카메라(virtual camera system)라고 하는데, 카메라 추적(camera tracking system)은 카메라의 위치와 각도를 고정시켜 실제 카메라의 움직임을 가상 카메라에 반영하고 가상 콘텐츠의 변화를 실시간으로 미리 볼 수 있다. 카메라 추적만 성공하면 실시간으로 렌더링되는 가상 환경에서(예: Unity, Unreal Engine) 리얼 카메라와 완전히 동기화된 렌즈 움직임과 정확한 투시 관계를 얻는다. 가상 카메라 시스템은 위치 정보 동기화 외에도 카메라의 초점 거리를 조정할 수 있어 실제 카메라의 촬영 효과를 완전히 정확하게 재현할 수 있도록 렌즈의 변화를 시뮬레이션할 수 있다(자오씬, 2024).

이러한 발전은 초기 게임 개발에 활용되며 게임 디자인 솔루션을 제공하던 언리얼 엔진(Unreal Engine)이나 유니티(Unity) 같은 제작 도구의 성능의 향상과 함께 거대한 LED 아이맥스로 감독과 창작자가 촬영과 동시에 실시간으로 특수 효과를 결합 · 확인하여 조정할 수 있는 단계로 발전되었고, 복잡하고 위험한 촬영 과정에서의 번거로움과 후반 작업에 들어가는 비용 · 시간을 줄일 수 있게 되었다. 이는 전통 영상 제작이 '촬영'에서 '제작'으로 바뀌는 전환점이라고 할 수 있다. 버추얼 프로덕션(virtual production)이라고 불리는 이런 가상 제작과 같은 기술을 기반으로 하는 영상 제작은 AI를 활용한 완전한 영상 솔루션의 중간 단계로 보인다.

반면, 이런 기회의 제공과는 반대로 AI의 자동화 생성과 딥러닝 알고리즘은 실사 촬영 베이스의 프로덕션 과정을 더욱 약화할 것으로 보인다. 전통 제작 방식에서 영상은 프로덕션 단계에서 합성을 위한 스크린을 설치한 장소나 현장에서 실사 카메라로 촬영하고, 포스트 프로덕션 단계를 거쳐 완성된다. 하지만 AI의 발전으로 얻게 되는 영상 자동 생성 기술은 영상 획득의 채널을 확장해 나가고 있고, 이는 가상 촬영이나 고난도 특수 촬영 등을 대체할 수 있게 될 것이다. 이러한 기술들은 현재까지는 창작자의 제작 의도를 영상 전반에 걸쳐 완벽한 길이와 연속성을 가진 형태로 만들어 내지 못하는 한계를 가지고 있다. 이는 텍스트에서 동영상을 생성하는 모델에서는 텍스트 제시어와 단일 이미지로만 정의할 수 있어 아웃풋의 특정 부분에 대한 미세한 제어가 어렵기 때문이다. 현재 AI를 활용한 영상 솔루션에는 일정한 한계가 있지만, 일부 실험적이거나 혁신적인 작품이 출현하여 영상 제작 패러다임 변화의 가능성과 잠재력을 보여 주고 있다. 일례로 글렌 마셜(Glenn Marshall)이 만든 AI 영화 〈까마귀(The Crow)〉는 2022년 칸단편영화제(Cannes Short Film Festival)에서 최우수 단편상을 수상하였는데, 이 작품은 무용 단편 〈페인티드(Painted)〉를 OpenAI가 만든 신경망 CLIP에 입력하여 텍스트에서 이미지로 매핑하는 알고리즘 모델을 통해 황량한 경관 속의 까마귀 동영상을 생성하였다(McKenzie, 2022).

예술의 발전은 기술과 밀접한 관련이 있으니, 기술의 지속적인 발전이 예술의 진보를 촉진하는 내재적 원동력이라고 볼 수 있다. 기술은 항상 인간의 도구였으나, 인공지능의 발전으로 인간과 인공지능 기술의 상호작용이 날로 심화됨에 따라 영상 창작에서 기술을 도구·매개체로 삼는 방식이 변화하기 시작하였고, 인공지능은 점차 추상적인 의인 주체로 간주된다. 생성형 AI 기술의 급속한 발전은 근본적으로 사람을 주체로 하는 영상 예술 창작 패턴을 변화시켰고, 영상 예술을 인간과 머신이 협동 창작하는 새로운 패턴으로 이끌었다(자오씬, 2024). 결국 이러한 다양한 기술의 융합은 전통적으로 사용된 현장 카메라 촬영의 중요성을 약화할 것이다.

촬영물을 위한 AI 기술의 활용 가치

무성에서 유성으로, 흑백에서 컬러로, 아날로그에서 디

지털로, 계속되는 기술 혁신은 근본적인 창작 사유 외에도 시청자와 콘텐츠 소비자들의 태도와 시장의 변화를 불러왔다. 지금까지 영상의 발전 과정을 뒤돌아보면 모든 획기적인 진보는 기술 혁신과 그 기술에 대한 지지를 떼놓을 수 없다. 오늘날 기술 혁신의 결과물인 AI를 통하여 영상 제작물은 다시 한번 신시대에 들어섰고 AI는 영상 제작 · 창작에 더 많은 가능성과 생기를 가져다줄 것이다. 영상 제작물이라는 큰 틀은 변함없지만, 기술의 발전과 함께 21세기를 사는 사람들에게는 상상력을 바탕으로 한, 더 큰 박진감, 더 정교한 표현력, 더 세분화된 개성에 맞는 결과물이 필요하다. 이런 다변화된 수요는 스마트폰을 중심으로 소셜 미디어의 쇼트 클립, 게임 등의 업종에도 그대로 나타나며 고효율을 추구하는 영상 제작 시장에서 그 변화의 속도는 더욱 빨라지고 있다.

현재까지 온전히 이미지 생성형 AI를 활용한 영상 솔루션에서는 한계가 명확하지만, 이미 촬영 현장에서의 AI 활용은 전통적 제작 방식에서 스태프의 경험과 기술에 의존할 수밖에 없던 많은 부분을 개선하는 역할을 했다. 특히 AI 기술을 촬영 관련 하드웨어에 탑재해 자동화하였는데, 이는 촬영의 효율성과 품질 향상에 큰 변화를 불러왔다. 구체적으로는 AI 기술이 활용된 카메라와 드론의 활용이다.

지금은 범용으로 활용되는 기술처럼 느껴지지만, 캐논(Cannon) EOS R5와 소니 알파(Sony Alpha) A7R IV와 같은 카메라는 AI를 이용한 자동 초점과 피사체 추적 기능을 통해 더욱 정밀하고 안정적으로 촬영할 수 있게 만들었다. 캐논 EOS R5의 AI 기반 EOS ITR AF X 자동 초점 시스템은 카메라용으로 개발된 딥러닝 AI를 사용하여 프로그래밍되었고 얼굴/눈 감지 모드에서 한쪽 눈만 보이는 옆모습의 얼굴을 포함하여 얼굴을 정확하게 인식하고, 예측할 수 없는 움직임에서도 신체, 얼굴 또는 눈에 초점을 맞춰 심도가 날카롭게 유지된다. 또한 EOS R5의 딥러닝 AI는 사람뿐 아니라 개, 고양이, 새를 인식하고 추적할 수 있는 기능으로 프로그래밍되어 이를 통해 피사체가 빠르게 움직이는 스포츠 장면이나 야생 동물 같은 것들을 쉽게 촬영할 수 있는데, EOS R5는 경주용 자동차와 오토바이를 인식하며 비행기의 열린 조종석과 닫힌 조종석을 구분하며 헬멧이 보이는 경우 운전자의 헬멧을 정확하게 찾아 초점을 맞춘다.

드론의 등장은 영상 연출과 제작 분야에 혁신적인 변화를 몰고 왔다. 무엇보다 드론을 이용하여 지상에서 접근하기 어려운 고도와 각도에서 촬영할 수 있다. 예를 들어, 고층 건물의 외관이나 넓은 자연 경관을 하늘에서 촬영할 수 있으며, 고속으로 이동하면서 짐벌(gimbal) 시스템을 통하여 안정적으로 패닝(panning), 틸팅(tilting), 트래킹(tracking) 등의 복잡한 카메라 움직임을 부드럽게 구현할 수 있다. 이렇게 촬영된 결과물은 안정적인 영상을 제공하여 포스트 프로덕션 과정의 작업 시간을 줄여 준다. 특히 드론의 활용으로 독창적이고 창의적인 장면 연출이 가능하며 이런 장면들은 몰입감을 증대시킨다. 고속으로 이동하거나 복잡한 궤적을 그리는 드론 숏은 액션 영화나 스포츠 이벤트에서 특히 효과적인데, 자연스럽게 이어지는 롱 테이크(long take) 장면을 구현해 관객이 장면에 더 깊이 빠져들 수 있게 한다. 드론에 AI 기술이 탑재되면서 더 정교하고 안전한 창작 연출이 가능해졌는데, '동시적 위치 측정 및 지도화(simultaneous lacalizatin and mapping, SLAM)'과 같은 기술은 비행하며 실시간으로 주변 환경을 매핑하고, 자신의 위치를 추적하여 장애물을 회피하며, 안전한 경로를 계획하고 카메라와 센서를 통해 수집된 데이터를 분석하여 환경을 인식하고, 경로를 실시간으로 조정한다. DJI 매빅 에어 2(Mavic Air 2)와 스카이디오 2(Skydio 2)와 같은 드론이 대표적인데, 이 제품들은 몇 년 전부터 이미 자율 비행과

장애물 회피뿐 아니라 연속 프레임 간의 움직임을 분석하는 딥러닝 모델을 사용하여 실시간으로 피사체를 인식하고 추적한다. 또한 궤적 설정을 통해 드론이 복잡하고 긴 장면을 촬영할 때 AI를 활용한 조명과 연동되어 장면의 완성도를 높일 수 있다. 야외나 스튜디오 촬영도 마찬가지인데 카메라와 조명 장비에 연결된 센서를 통해 실시간으로 화이트 밸런스를 조정할 수 있다. 이는 조도의 변화나 다양한 촬영 조건에서도 일관된 색상을 유도하도록 도와준다. 예를 들어 드론을 활용한 촬영이 실내, 야외에서 진행되어도 일관된 색감을 유지하여 시각적 통일성을 제공한다. 조명의 강도, 색온도, 방향 등의 선택은 미리 사전 제작 단계에서 AI 기반 조명 시뮬레이션 소프트웨어를 사용하여 스토리보드 단계에서 조명 설정을 시각화하여 감독과 촬영 감독이 조명 계획을 사전에 검토하고 수정하는 데에 도움을 줄 수 있다. 아리(ARRI)의 스텔라(Stellar) 같은 프로그램이 대표적인데 iOS · 안드로이드 모바일이나 태블릿 등에 설치하여 손쉽게 조명 기기를 제어할 수 있다. 아리 스텔라는 자동으로 조명 장비를 인식하고 최적의 조명 설정을 제안하며, 색상 조절, 밝기 조절, 조명 장면의 저장과 불러오기 기능을 제공하여 조명 설계를 자동화하고 작업 흐름을 단순화하며, 고품질의 조명 효과를 제공한다.

이러한 기술들이 전반적으로 촬영 현장에 영향을 주며 앞서 언급했던 가상 제작에도 많은 부분 적용된다. 완전히 AI를 활용한 플랫폼으로 영상물이 제작되는 단계 이전에 전통적 방식에 바탕을 둔 영상 촬영을 위한 AI 기술의 활용은 감독이나 창작자의 상상을 현실로 만들고 고객사와 시청자의 눈높이를 맞추는 데에 크게 기여하고 있다.

참고문헌

자오씬(2024). 『영화제작의 AI 활용을 통한 뉴패러다임 연구』. 청주대학교 대학원 박사학위 논문.

McKenzie, T.(2022.9.1). The Crow: An AI film that won Cannes Short Film Festival. 80 Level, https://80.lv/articles/the-crow-an-ai-film-that-won-cannes-short-film-festival/

07
AI와 포스트 프로덕션

영상 제작 과정에서 기술의 발전과는 별개로 편집은 결국 사람의 판단이 필요한 작업 부문이라고 믿던 시절이 있었다. 숙련된 작업자가 시간과 노력을 들여 진행해야 하는 반복되는 업무에만 적합하다고 생각되던 기술은 AI의 발전과 함께 사람의 판단이 필요하다고 생각하던 영역까지 확장되었다.

AI와 윤동주?

포스트 프로덕션

포스트 프로덕션은 영상 제작의 최종 단계로, 촬영된 원본 영상 · 오디오 자료를 편집 · 합성 · 보정의 과정을 통해 최종 완성본을 만드는 단계를 말한다. 이 과정은 영화, TV 프로그램, 광고, 뮤직비디오, 애니메이션 등 다양한 영상 콘텐츠의 제작에 필수적인 단계다.

포스트 프로덕션 프로세스는 본 촬영이 끝난 후 시작하여 완성된 동영상이 대중에게 공개될 때까지 계속되는 단계이며 포스트 프로덕션 워크플로라고도 한다. 보통 기획 단계에서부터 예상되는 최종 결과물의 포스트 프로덕션 작업의 양이 결정되며 이는 전체 작업 기간 · 예산과도 밀접한 관계가 있다. 또한 포스트 프로덕션의 기간이 늘어나고 업무량이 많아질수록 수직 · 수평적 데이터 관리가 잘 이루어져야 프로젝트 기간이 단축되며 작업자들의 높은 능률을 기대할 수 있다.

포스트 프로덕션 워크플로는 보통 촬영 원본 파일을 수집하여 태그를 지정하고 정리하는 데이터 관리에서부터 시작한다. 원본 파일은 촬영 현장에서 하드 드라이브로 제공하거나 웹 기반 전송 서비스를 통해 프로덕션 팀으로 보내지는데, 이 과정에서 장면 세부 정보, 카메라 설정 등의 정보가 파일에 첨부될 수 있으며 감독이나 고객사에서 마음에 드는 테이크를 따로 지정하기도 한다. 또한 원본 영상은 용량이 너무 커 효율적으로 작업하기 어렵기 때문에 원본 영상을 가볍게 다루기 위해 H264 등 저해상도 파일로 변환(트랜스코딩)할 필요가 있다.

이후 포스트 프로덕션 워크플로에서 가장 중요한 동영상 편집이 이루어진다. 편집자는 가볍게 변환된 파일에서 기획된 스토리에 맞게 사용할 수 있는 테이크를 분류하고, 가장 적합한 A컷을 타임라인의 시퀀스로 엮어 가편집된 전체 구성을 일차적으로 완성한다. 거칠지만 러프 컷으로 만들어진 1차 작업물은 최종 아웃풋에 대해 가늠해 볼 수 있는 단계이기 때문에 감독과 대행사, 고객사의 확인과 승인 과정을 거쳐 다음 단계로 넘어갈 수 있다.

승인된 편집본은 VFX, 색 보정 등의 작업을 위해 원본 영상에 적용한다. VFX는 시각 효과라고 불리며 시각 매체에서 실현하기 어렵거나 불가능한 장면을 디지털 기술을 통해 창조하는 과정을 말한다. VFX는 현실 세계의 촬영 영상과 컴퓨터 생성 이미지(computer-generated imagery, CGI)를 결합하여 사실적인 효과를 만들어 내는 데에 중점을 두며 영상의 완성도에 가장 큰 영향을 미친다. VFX의 주요 요소로는 컴퓨터 소프트웨어를 이용해 생성된 디지털 이미지 그래픽으로 존재하지 않는 캐릭터나 상상 속의 배경, 필요한 물체들을 현실감 있게 표현하는 CGI, 서로 다른 영상 소스나 이미지들을 하나의 장면으로 결합하는 합성(compositing), 배우의 움직임을 디지털 데이터로 기록해 CGI 캐릭터에 적용하는 모션 캡처, 실제로 존재하지 않는 배경이나 환경을 그림으로 만들어 실사 영상과 결합하는 기술인 매트 페인팅(matte painting) 등이 있다. 이는 영화 〈아바타〉(2009년)에서처럼 완전히 CGI로 생성된 판도라 행성과 네이티브 캐릭터 등 현실에서는 구현할 수 없는 환상적인 장면이나 상상 속의 세계를 만들어 내며 현실 세계를 확장하고 위험한 장면을 안전하게 구현할 수 있는 도구다. 이후 전반적인 영상의 색상과 관련된 작업이 이루어지는데, 보통 VFX 팀과 함께 진행한다. VFX 팀이 작업을 마쳤을 때 한 번에 색 보정과 컬러 그레이딩을 수행하며, 이는 시간을 더 효율적으로 사용할 수 있는 방법이다. 색 보정과 컬러 그레이딩은 감독이 원하는 톤에 따라 색상을 맞춰 나가며 촬영에서 발생한 일관성 문제를 해결하고 시각적 연속성을 보장하며 시청자들에게 전달되는 감정을 만들어 낸다. 이때 다빈치 리졸브(DaVinci Resolve), 프리미어 프로(Premiere Pro) 등의 컬러 그레이딩 소프트웨어를 이용하는데, 이 프로그램들은 각각의 장점과 특성이 있지만 색 보정 외에도 편집에서도 기본적으로 활용하는 강력한 툴이다. 보통 다빈치 리졸브는 고급 색 보정과 협업 기능에서 강점을 보이며, 프리미어 프로는 직관적인 인터페이스와 어도비 생태계와의 통합에 장점이 있다.

이렇게 색 보정 작업까지 마치게 되며 사운드 디자인 · 믹싱 작업이 이어지게 되고 최종 아웃풋을 위해 사용처에 맞는 최적화를 마치게 되면 포스트 프로덕션 워크플로가 마무리된다.

작업 스튜디오에서의 AI

AI 기술은 포스트 프로덕션 작업의 혁신을 가져오고 있으며, 어도비 프리미어 프로와 같은 소프트웨어에 통합되어 다양한 편집 작업을 자동화하고 효율성을 높이고 있다.

자동 편집, VFX, 색 보정, 오디오 편집, 자막 생성 등 다양한 분야에서 AI의 적용은 작업 시간을 단축하고, 품질을 향상하며, 창의적인 작업에 더 많은 시간을 할애할 수 있도록 돕고 있다. 앞으로도 AI 기술의 발전과 함께 포스트 프로덕션 작업은 더욱 정교해지고 효율성이 커질 것이며, 이는 작업자의 물리적 시간과 노력을 아껴 생산성 향상에 직접적인 영향을 줄 것이다. AI의 발전과 맞물려 영상 제작 단계에서 AI가 가장 필요한 곳은 포스트 프로덕션이라고 얘기되고 있다.

라스베이거스에서 열린 콘텐츠 산업・엔터테인먼트 기술 쇼인 NAB2024에 참석한 많은 참석자는 생성형 AI를 기반으로 텍스트를 비디오로 바꿔 주는 소라(Sora)와 같은 혁신적인 기술이 시장에 나왔지만, 아직은 이를 어떻게 영상 제작에 사용할 수 있는지에 대한 의문이 많으며, 현재 AI가 콘텐츠 제작에 사용되고 있긴 하지만 영상 자체를 만들고 편집하여 시청자에게 전달하는 전체 프로세스를 대신할 수는 없다고 보고 있다. 그럼에도 많은 사람은 AI가 포스트 프로덕션 단계에서 비용을 절감하고 작업의 질을 개선하는 데에 큰 역할을 할 수 있다고 본다. NAB2024에 포스트 프로덕션에 AI를 적용하는 회사가 다수 등장한 것도 그런 이유에서다.

AI가 포스트 프로덕션 단계에 적용되는 사례로는 자동 컷 선정・편집 기능을 들 수 있는데, AI 알고리즘이 영상 클립을 분석하고 중요한 장면을 식별하여 자동으로 컷을 선택하고 편집하는 것이다. 예를 들어 카메라 두 대 이상 사용하는 멀티 캠 인터뷰 영상의 경우, 편집 작업에서는 작업자가 전체 촬영 소스를 확인하고 A컷을 분류하여 내용에 맞게 타임라인에 시퀀스를 얹고 다양한 앵글을 만드는데, 인터뷰 길이에 따라 며칠이 걸리기도 한다. 하지만 AI를 활용한 프로그램을 쓴다면 단 몇 분 만에 이러한 과정을 수행할 수 있으며, 작업자는 마지막에 검수하고 잘못된 클립을 갈아 끼우고 컷의 길이를 조절하는 정도로 업무를 마무리할 수 있는 것이다. 현재 영상 시장의 포스트 프로덕션 파이프라인에서 가장 안정적이고 효과적으로 AI를 활용하는 사례라 할 수 있다.

이미지 인식과 분류는 AI 분야에서 가장 빠르게 발전하는 기술 중 하나로, 정확도가 인간의 평균 수준을 넘어섰다. 콘볼루션 신경망(convolutional neural network, CNN)은 이미지 인식과 분류 분야를 대표하는 심층 신경망이다. CNN은 콘볼루션층, 풀링층, 전체 연결층을 포함하는데, 콘볼루션층은 국부적 특징을 추출하는 데에 능숙하고 풀링층은 콘볼루션층의 특징을 계산할 수 있으며 전체 연결층은 분류기 역할을 한다(Blum & Langley, 1997). 분류는 CNN의 강점인데, CNN은 콘볼루션에서 풀링까지 여러 번 반복하여 변수를 지속적으로 최적화하고 특성 추출·분류기를 통합하여 이미지의 식별과 분류를 실현한다. CNN은 이미 영화 콘텐츠의 식별과 분류에 사용되었다. 넷플릭스의 과학자들이 할리우드 영화 수백 편 중에서 소재를 골라 데이터 세트를 만들고 서로 다른 데이터를 키스와 비키스 장면으로 표시했는데, 이 데이터는 키스의 장면을 식별할 수 있도록 CNN을 훈련시키는 데에 사용되었다(자오씬, 2024).

AI를 포스트 프로덕션 단계에서 활용하는 구체적인 예시로, 개인 프리랜서부터 전문회사까지 널리 사용하는 프로그램인 어도비사 프리미어 프로를 살펴보자. 카메라 두 대 이상의 멀티 캠으로 촬영된 소스를 편집하기 위해 원본 파일들을 프리미어 프로에 불러오고 가벼운 작업을 위해 프록시(proxy)를 만든다. 프록시란 VFX 전 단계에서 작업 컴퓨터의 부담을 줄이고 프리뷰를 원활하게 진행하기 위해 영상 원본을 저화질로 바꾸는 것인데, 요즘은 보통 H264를 흔히 사용한다. 이 단계도 모든 파일을 선택하고 'Create Proxies'만 누르면 자동으로 실행된다. 이렇게 가볍게 바뀐 파일을 타임라인으로 옮기고 사운드의 싱크를 맞추기 위해 싱크 작업을 하게 되는데 이 또한 타임라인에서 시퀀스를 선택하고 동기화(synchronize)만 누르면 자동으로 타임라인에 시퀀스들이 같은 사운드가 있는 점으로 이동하는 것을 볼 수 있다. 이렇게 편집 준비를 마치고 나면 사운드를 기반으로 받아쓰기 기능을 활용하여 자동으로 컷 편집을 할 수 있다. 정확히는 소리를 인식하는 것이 아니라 말(speech)을 인식하는 것이기 때문에 문장과 문장 사이의 빈 영역을 AI가 인식하여 그 부분을 잘라 준다. 받아쓰기의 경우 해당 파일을 선택하고 받아쓰기에서 해당 언어를 선택하면 대본이 만들어지고 간단한 필터링만 거치게 되면 해당 시퀀스에 필요 없는 부분이 자동 편집되며 몇 개의 파일에서 A컷만 골라내면 된다. 작업자의 손이 많이 가는 자막 작업 또한 AI 기술로 크게 업무 효율을 올릴 수 있는 부분인데, 자막 SRT 파일을 추출하여 타임라인으로 드래그만 하면 추출된 자막을 사용할 수 있게 된다. 이 과정에서 자막의 서체와 크기 등 디자인 또한 조절할 수 있다. 이렇게 영상이 편집되고 자막 작업까지 완성되었다면 사운드(BGM) 작업을 하게 되는데, 프리미어 프로의 장점 중 하나가 AI를 활용하여 사운드 파일을 작업된 영상 클립 길이에 적합하도록 자연스럽게 늘이거나 줄일 수 있다는 것이다. 타임라인의 음악 클립을 선택하고 리믹스(Remix)만 사용하면 구현할 수 있다.

이 외에도 이미지 생성형 AI인 파이어플라이와 연동하여 클릭 몇 번으로 영상 시퀀스상에 특정 오브젝트를 추가하거나 제거할 수 있으며, 특정 장면을 원하는 길이

만큼 어색함 없이 늘려서 사용할 수도 있다. 또한 색 보정 작업에서도 참고가 되는 레퍼런스(reference)를 동시에 보면서 레퍼런스 영상에서 추출한 톤을 원하는 클립에 적용하며 조절할 수 있다.

참고문헌

자오씬(2024). 『영화제작의 AI 활용을 통한 뉴패러다임 연구』. 청주대학교 대학원 박사학위 논문.

Blum, A. L., & Langley, P.(1997). Selection of relevant features and examples in machine learing. *Artificial Intelligence*, 97(1-2), pp.245-271.

08
AI와 사운드

영상 디자인은 연속되는 여러 장의 이미지와 오디오로 이루어진 창작물이다. 영상 제작을 위한 사운드 분야의 생성형 AI는 사전 학습 모델을 기반으로 음악을 생성할 수 있어 소규모 스튜디오의 프로젝트 진행에 도움을 줄 수 있다.

AI와 한의학?

영상 사운드 제작을 위한 AI

사운드 작업은 영상 디자인에서 중요한 역할을 한다. 사운드는 시청자가 영상을 더 깊이 이해하고 몰입하게 하며, 영상 주제와 전반적인 분위기 설정에 바탕이 된다. 기본적으로 배경 음악은 디스플레이의 시각적 요소들과 함께 특정 감정을 유발하며, 장면의 상징적 의미를 부여하고 설정하는 데에 중요한 역할을 한다. 예를 들어, 긴장감을 조성하는 데에는 빠른 템포의 음악을, 슬픔을 전달하는 데에는 느리고 잔잔한 음악을 활용할 수 있다. 이러한 배경 음악과 함께 특정 행동이나 사건을 강조하고, 시각적 요소를 보완·강화하는 음향 효과는 시청자의 감정적 반응을 극대화하며 영상 전반의 리듬과 템포 설정에도 중요한 요소라고 할 수 있다.

일반적으로 사운드 디자인은 포스트 프로덕션 단계의 한 부분으로 영상의 1차 편집이 끝난 후 사운드 스튜디오로 넘겨져 영상 스토리와 주요 장면을 기준으로 필요한 사운드가 계획되기 시작한다. 이후 스튜디오에서는 영상의 목적과 분위기에 맞는 음악과 음향 효과의 레퍼런스를 찾고 음악이나 효과음을 작곡·제작·편집·믹싱하여 마스터링하는 순서로 진행된다. 이때 작곡가가 디지털 오디오 워크스테이션(DAW)을 사용해 음악을 작곡한다면 영상에 최적화된 독창적인 창작물을 기대할 수 있지만, 현실적으로 많은 스튜디오는 라이브러리에 의존하여 영상 길이에 맞게 편집하는 정도로 제작 단가를 낮추고 있는 실정이다. 영상 제작의 다른 단계와 마찬가지로 사운드 분야 역시 학습된 모델을 기반으로 하는 생성형 AI의 활용이 활발하게 진행되고 있다. 이는 음악의 작곡, 작사뿐 아니라 대사 녹음을 위해 꼭 필요한 단계였던 성우 녹음 과정도 TTS(text-to-speech)로 대체할 수 있게 만들어 주었다.

작곡(음악 생성형) AI는 작곡의 본질적 요소와 창작 원리를 수학적 상관관계 안에서 객관화하고, 이를 토대로 다양한 패턴을 모델링함으로써 인간의 창작 과정과 창작물을 모방하여 새로운 콘텐츠를 생성한다. 현재의 작곡 AI는 음악 작곡 분야에 혁신을 가져온 생성형 AI 기술 중 하나다. 일반적으로 순환 신경망과 적대적 생성 신경망과 같은 딥러닝 모델을 사용하며, 데이터 세트를 통해 선율, 리듬, 화성, 텍스처 등의 음악 패턴을 학습하고, 추출한 특징을 조합하고 변형한다. 이 과정을 통해 생성형 AI는 특정 작곡가의 스타일을 모방하는 것을 넘어, 기존의 작품에서 발견되지 않은 새로운 패턴이나 음악적 아이디어를 생성한다. 사용자는 작곡 AI가 생성한 음악

중 목적 부합성이 높은 아이디어/샘플을 선택해 사용 또는 수정할 수 있다(강지담, 2024).

2016년 2월 'AIVA 테크놀러지'사에 의해 개발된 아이바(AIVA: artificial intelligence virtual artist)가 생성형 AI를 활용한 대표적인 사운드 프로그램인데(박다해, 2022), 생성형 AI를 통해 클래식 음악, 영화 음악뿐 아니라 광고, 게임, 팟캐스트 등에 다양한 목적과 유형을 위한 음악을 작곡할 수 있는 도구다. 기존 음악 스타일을 학습해 새로운 작품을 창작하는데, 높은 수준의 음악을 빠르게 제작할 수 있다는 장점이 있다. 또, 사용자가 지정 파라미터를 통해 직접 장르, 템포, 악기 등의 매개 변수를 조정하여 독창적인 음악을 만들 수 있다는 특징도 있다. 아이바는 세계 최초로 프랑스 작곡가 권리 협회(La SACEM)로부터 인정받은 AI 작곡가인 만큼, 현존하는 작곡 AI 모델 중 가장 많은 관심을 받고 있다. 딥러닝 기술(인공신경망 + 빅데이터)과 강화 학습 시스템을 활용해 바흐, 베토벤, 모차르트 등 클래식 음악 거장들의 작품 6만 곡 이상을 학습한 아이바는 그들의 음악을 수학적으로 표상하여 각각의 규칙성을 감지하고 구별하게 되었다. 이 기술을 바탕으로 첫 번째 정규 앨범 〈제네시스(Genesis)〉(2016년)와 두 번째 앨범 〈별들 사이에서

(Among the Star)〉(2018년)를 발매했다. 해당 앨범은 아이바가 작곡한 교향곡 · 피아노 독주곡으로 구성되어 있다. 이에 앞서, 2017년 프랑스 최고 연주자로 구성된 아비뇽 국립 오케스트라가 아이바가 작곡한 〈나는 AI다(I Am AI)〉를 연주해 주목받은 바 있다.

이후 2018년에는 세계적인 반도체 기업 엔비디아(NVIDIA)와 협력해 세계적인 록그룹 퀸의 음악을 표방한 〈체인지 더월드(Change the World)〉를 작곡했다. 이 작곡 과정을 보면, 먼저 타이탄(Titan) GPU와 딥 뉴럴 네트워크를 사용해 퀸의 음악 52곡과 동시대의 록 음악 수백 곡으로 훈련했다. 이 과정에서 개발된 퀸 음악 편향성을 가진 알고리듬을 기반으로 1차 요소(MIDI 포맷)를 생성했다. 이어 엔비디아 자체 사운드 디자이너와 퀸 커버밴드인 심플리퀸(Simply Queen)이 협력해 퀸 스타일의 곡을 완성했다. 이에 아이바는 음악가의 능력을 극대화할 수 있는 작곡 AI로 인정받으며 다시 한번 세계적인 관심을 받았다(강지담, 2024).

실무에서 사용되는 많은 사운드 프로그램이 AIVA와 비슷한 포맷을 지원하는데 그 특징으로는 무료 버전이 존재한다는 것이다. 라이선스가 필요하지 않은 사용자에게 제한된 길이나 종류, 워터마크가 있는 사운드를 제공하여 영상 제작 시 전반적 분위기를 파악할 수 있는 용도의 데모 버전 등에 사용할 수 있다. 또 다른 특징으로는 장르별로 다양한 프리셋이 내장돼 있어 분위기에 맞게 장르와 무드를 선택적으로 지정하여 사용할 수 있다. 이때 비슷한 종류의 음원 파일을 거의 무한대로 만들어 낼 수 있어 비슷한 장르의 사운드 아웃풋을 비교하며 선택할 수 있다. 이러한 프리셋들은 기본적으로 템포와 길이를 편집하여 사용할 수 있다.

이렇듯 AI를 기반으로 하는 사운드 프로그램들은 상업적 사용이 가능한 라이선스를 비교적 저렴한 비용에 결제하고 다양한 프로젝트에 사용할 수 있으므로, 효율성 향상에 긍정적인 도구로 활용되며 소규모 혹은 1인 스튜디오에서 한정된 예산으로 제작하는 영상 제작에 큰 도움을 줄 수 있다. 또한 이러한 음악을 생성하는 프로그램 외에 어도비 계열 프로그램인 오디션(Audition)을 활용한다면 AI를 기반으로 소규모 스튜디오들이 오디오 생성, 사운드 편집 · 믹싱에서 높은 생산성을 유지하는 데에 도움이 될 것이다. 예를 들어 포스트 프로덕션 단계에서 편집을 위하여 프리미어 프로를 사용한다면 오디션을 연동하여 비디오와 오디오 작업을 매끄럽게 연결할 수 있는데, 비디오 편집 과정에서 오디오 파일을 오디션으로 보내어 수정하고, 실시간으로 변경 사항을 프리미어 프로에서 확인할 수 있다. 또, 자동 재편집(remix) 기능을 사용하면 AI를 이용해 음악 트랙의 길이를 영상 소스에 맞게 조정할 때 원본 음악의 구조와 느낌을 유지해 4분짜리 음악 트랙을 2분으로 줄이면서도 자연스러운 연결을 유지할 수 있다. 이 외에도 AI 알고리즘을 활용해 사운드의 과도한 리버브(reverb)를 줄여 더 선명하고 명료한 소리를 얻을 수 있는 디리버브(dereverb) 기능, 중요한 연설 녹음 중에 발생한 기침 소리나 자동차 경적 소리 등을 선택하면 AI가 소리를 분석하고 비슷한 음향 패턴을 찾아 제거하는 사운드 제거(sound removal) 기능, 비디오 편집 시 배경 음악의 볼륨을 자동으로 낮춰 대화가 명확하게 들리게 하는 작업을 간편하게 할 수 있는 자동 음량 조절(auto-ducking) 기능 등이 상당히 유용하다.

참고문헌

강지담(2024). 『음악 제작 과정에서 생성형 AI의 예술 창작 주체성 및 활용 방법론 연구』. 경희대학교 대학원 석사학위 논문.

박다해(2022). 인공지능 작곡 프로그램을 활용한 음악 콘텐츠 제작 연구. ≪트랜스≫, 13, 35-58쪽.

09
생성형 AI 플랫폼의 이미지 생성 원리

생성형 AI의 적용 범위는 예술 창작을 비롯하여 과학 분야 · 지식 산업 등 인간의 독창적이고 창의적인 작업을 포함한 거의 모든 영역을 아우른다. 이미지 생산에서도 AI 기술은 비약적인 발전을 거듭하고 있으며 이를 더 잘 활용하기 위해선 AI의 생성 원리에 대한 이해가 필요하다.

AI와 화장품?

생성형 AI의 이해

생성형 AI는 사용자의 특정 요구에 따라 텍스트, 코드, 이미지, 동영상, 음악 등 새로운 콘텐츠를 능동적으로 생성하는 인공지능 기술을 통칭한다. 보통 이미지 생성형 AI 서비스라고 불리는 미드저니, 달리, 스테이블 디퓨전, 파이어플라이는 생성형 AI라는 큰 틀 안에서도 이미지 생성을 위해 만들어진 플랫폼들이다.

이러한 생성형 AI는 머신 러닝의 한 분야인 딥러닝을 기반으로 한다. 인공 신경망을 사용하는 딥러닝 모델은 대규모의 이미지 데이터세트에서 훈련되며 모델이 다양한 패턴과 특성을 학습할 수 있도록 GPU를 활용하여 훈련 속도를 높인다. 주로 이미지 · 음성 인식, 자연어 처리 등에 사용된다. 딥러닝의 특성을 바탕으로 생성형 AI는 새로운 데이터를 생성하거나 변형하는 데에 초점을 맞추고 있다. 이미지나 음악, 텍스트 등을 생성하는 데에 사용하며 이들은 모두 기존 데이터를 학습하여 패턴으로 이해하고 이를 바탕으로 사용자가 원하는 콘텐츠를 생성하는 개념이다.

여기서 인공 신경망이란 인간의 지능이 두뇌를 구성하는 신경 세포 간 연결에서 비롯된다는 가정에 기반하며 이 관점은 낮은 수준에서 뇌 구조를 모델링한 후, 외부의 자극(학습데이터)을 통해 인공 두뇌의 구조와 가중치 값을 조정하는 학습 방식으로, 기호화나 기호 조작만으로는 설명할 수 없는 인간의 지능을 다루는 새로운 관점을 제시했다(강지담, 2024).

쉽게 말해 통상 우리가 AI라고 부르는 인공지능을 가장 상위의 개념으로 인식한다면, 그 아래에 컴퓨터의 명시적 프로그래밍 없이 데이터를 통해 패턴을 학습하고 이를 바탕으로 다양한 작업을 수행하는 머신 러닝이 있으며 그 머신 러닝의 한 분야로 딥러닝이 존재한다. 우리가 말하는 생성형 AI는 이러한 딥러닝의 하위 개념이고 그 종류에 이미지 생성형 AI 서비스라고 불리는 미드저니, 달리, 스테이블 디퓨전, 파이어 플라이 같은 서비스가 있다고 생각하면 된다.

이러한 서비스를 위해 활용되는 대표적인 생성형 AI 모델로는 2014년 신경정보처리시스템학회 NIPS(Neural Information Processing System)에서 이언 굿펠로(Ian Goodfellow)가 처음 소개한 GAN(generative adversarial networks)이 대표적이며 이 모델을 중심으로 이미지 생성 원리가 설명될 수 있다. 첫 번째 딥 러닝 알고리듬인 GAN의 등장으로 딥러닝을 통해 영상에서 객체의 종류를 판단하는 분류(classification), 영상에서 특정 객체를 검출하여 위치를 찾는 객체 검출(object detection), 영상 내 특정 객체만 분리해 내는 이미지 분할(image segmentation) 문제를 해결했다. 이 모델은 생성자(generator)와 판별자(discriminator)라는 두 개의 신경망으로 구성된다. 생성자는 실제 데이터와 유사한 확률 분포를 가진 허구의 데이터를 생성하려고 노력하고, 판별자는 실재와 허구의 데이터를 식별하려고 한다. 두 신경망은 서로 경쟁하면서, 생성자는 점점 더 진짜 데이터와 같은 가짜 데이터를 생성하려고 하고, 판별자는 점점 더 정확하게 진짜와 가짜를 식별하려고 한다. 이 과정을 통해 GAN은 생성자가 실제와 거의 구분할 수 없는 데이터를 생성하는 능력을 갖추게 된다(조영주 외, 2020).

간소화하자면 GAN은 두 개의 신경망인 생성자와 판별자로 구성되며 두 신경망은 서로 경쟁하며 훈련된다고 볼 수 있는데, 생성자는 무작위 노이즈(랜덤 백터)를 받아서 현실적인 이미지를 생성하려고 시도하고, 판별자는 생성된 이미지와 실제 이미지를 받아서 어느 것이 실제 이미지인지 구별하려고 시도한다. 이 훈련 과정에서 생성자는 랜덤 노이즈를 입력해서 이미지를 생성하는데 처음 생성된 이미지는 매우 품질이 낮다. 판별자는 이렇게 생성된 이미지가 실제와 얼마나 다른지에 대한 피드백을 제공하고 이 과정이 반복되며 더 정교하게 이미지를 생성할 수 있게 된다.

VAE(variational autoencoder) 또한 딥 러닝 모델의 일반적인 원리를 따르는데, 이는 이미지를 압축하고 새로운 데이터를 생성하는 데에 사용되는 인공지능 기술이다. VAE의 기술을 쉽게 비유하자면 내가 그림을 그리고 그 그림을 지인에게 이메일로 보낸다고 할 때 그림 파일이 너무 커서 압축을 해야 하고 그 압축을 다시 풀어 원래 그림과 비슷한 그림으로 변환하는 과정을 통해 정확성을 높이는 것이다. 그림을 압축하는 과정을 인코더(encoder)라 하는데 인코더는 큰 그림을 작은 요약본(코드)으로 잠재 공간(latent space)에 압축한다. 이 코드에는 그림의 주요한 특징들만 포함되는데, 예를 들어 고양이 그림을 인코더에 넣으면 인코더는 이 고양이를 작고 간단한 코드로 변환한다. 압축을 풀어 코드를 다시 그림으로 바꾸는 과정을 디코더(decoder)라 하는데 디코더는 인코더가 만든 요약본(코드)을 받아서 다시 원래의 그림과 비슷한 그림으로 변환하는 것을 말한다. 즉, 요약본인 코드를 보고 고양이임을 이해하고 다시 고양이를 그리는 과정이며, 훈련 과정에서는 인코더와 디코더가 그림을 압축하고 다시 그리도록 반복한다. 이런 과정을 통하여 훈련된 VAE는 인코더가 만든 코드 대신에, 잠재 공간에서 임의로 코드를 선택해서 디코더에 넣어 새로운 그림을 생성할 수도 있다. 인코딩 과정은 이미지를 노이즈로 변환하여 잠재 공간에 저장하는 것이고, 디코딩 과정은 이 노이즈를 모아 원래 이미지와 비슷하게 재구성하여 시각화하는 것이다.

참고문헌

강지담(2024). 『음악 제작 과정에서 생성형 AI의 예술 창작 주체성 및 활용 방법론 연구』. 경희대학교 대학원 석사학위 논문.

조영주 외(2020). GAN 적대적 생성 신경망과 이미지 생성 및 변환 기술 동향, ≪전자통신동향분석≫, 35(4), 92-93쪽.

10

AI와 영상 제작의 전환점

인간이 만든 새로운 변화들은 인간의 상상력을 바탕으로 한다. 미래를 예측하는 것 역시 과거를 통해 배우고 현재를 통해 비춰 보며 미래를 상상하는 것에서 비롯된다. 광고 콘텐츠와 영상 제작의 전환점이 되는 AI의 등장은 현재 예측하는 것을 토대로 더욱 발전하리라 기대할 수 있을 것이다. 향후 크리에이터들은 어떻게 일하며 AI를 활용하게 될까.

종교와 AI?

한층 더 소비자를 지향하는 AI 창작

과거의 브랜드, 제품과 서비스들은 제조 중심의 사고에서 발전해 왔다. 소비자의 기본적 필요들을 채워 나가며 기술이 발전하는 만큼만 새로움을 보여 주며 시장의 혁신을 이어 왔다고 해도 과언이 아니다. 하지만 현재는 소비자들의 편의를 위주로 고민하고 연구하며 개발한 것들이 나오는 게 당연한 일이 되었다. 그리고 앞으로는 광고적 접근이 AI를 통해 소비자의 삶을 더 깊이 이해하여 개별 소비자 각자에 대해 매우 세분화될 것으로 예측된다. 대중을 향한 광고 콘텐츠는 분중(分衆)으로, 분중을 향하던 광고와 영상은 점차 개인을 향한 광고가 될 것이다.

이는 산업의 변화와도 맥락을 같이한다. 소품종 다량 생산을 중심으로 발전하던 산업이 이제 다품종 소량 생산으로 향하며 AI는 이를 더 정교화해 갈 것이다. 광고 콘텐츠와 영상이 특정 개인을 향해 광고하는 데에 최적화될 것이다. 개별적인 광고를 조합해서 순간적으로 타기팅하는 것으로 발전해 나갈 것이 예측되기 때문이다.

현재도 AI 분야는 소비자들을 통해 얻은 대용량 데이터와 슈퍼 컴퓨팅 인프라를 기반으로 AI를 인간의 뇌에 가까운 규모로 확장하는 연구가 지속되고 있다. 이에 발

맞춰 광고와 마케팅 제작 분야도 섬세한 발전을 거듭할 것이다.

모든 산업은 늘 소비자를 중심으로 발전해 간 역사다. 볼품없는 제품의 탄생도 소비자의 필요를 파악하여 생겨난 것이며 시대의 기술과 발전에 따라, 또는 소비자의 생활적인 변화에 따라 제품은 개선되어 간다. 거기에 경쟁사들의 많은 제품과의 무한 경쟁을 거치며 정교화되고 부분적으로는 파생되어 틈새시장에 있는 소비자들을 세분화하며 거듭 발전해 간 것이다.

그렇다면 우리의 기술이 발전하는 것도 이와 같을 것이다. 어떤 발전과 혁신에도 그 중심에는 소비자라는 이름의 사람이 존재하고 있다. 기술의 발전 또한 사람을 이롭게 하기 위해서 발전하는 것이며 이러한 욕구들은 기술을 도구화하면서 진보했다. 기존의 산업이 대략적인 분석과 인터뷰를 통해서 현존의 기술과 소비자 심리를 더듬어 발전한 과정이었다면, 이제는 인공지능으로 소비자의 데이터들을 분석하고 실시간으로 정리하여 욕구가 어떤 시각에 어떤 구성원이 어떤 장소에서 사용되는지 즉각적으로 확인하면서 제품의 혁신적인 판매를 개선해 나가는 방식이 된다.

광고와 마케팅은 이러한 관점에서 소비자를 중심으로

하는 판매 촉진 활동이라면 광고 아이디어나 영상 디자인 콘텐츠들도 디지털상에서 발견되는 소비자들의 다양한 특징이나 욕구들을 읽고 분석하여 최적의 광고 카피와 디자인, 영상을 제작하는 방식으로 진보할 것이 분명하다. 현재도 광고 마케팅 분야에서는 소비자들의 심리를 분석하여 매출을 증대시키기 위해 다양한 회의와 분석, 고민과 창의성이 필요한 상황이다. 이러한 상황에서 현재 AI는 전방위적으로 데이터를 분석하고 콘텐츠에 대한 효율성을 토대로 제작 환경의 개선에 도움이 되고 있는데, 향후에는 인간 고유의 기획 능력과 창의성, 인간에 대한 본질적 이해에 충실한 제작 환경으로 변화하는 데에 AI의 역할이 더욱 중요해질 것으로 보인다.

소비자에 의한, 소비자를 위한, 소비자의 AI

미디어가 소비자 선택에 의해 소비되기 시작하면서 콘텐츠의 가치가 더욱 중요해졌다. 소비자 중심의 콘텐츠 기획과 제작이 늘어나면서 무수히 많은 콘텐츠 속에서 소비자의 취향은 세분화되었지만 이를 맞춤으로 추천해 주지 않으면 막대한 양의 시간을 콘텐츠 찾기에 소비될 수밖에 없을 것이다. 현재 대부분의 온라인 영상 서비스 채널들은 시청자가 소비한 영상 콘텐츠를 분석하여 알고리즘에 의해 영상을 추천한다. 이를 토대로 개별 소비자의 취향에 대한 범위를 좁히고 선호하는 영상 콘텐츠에 대한 시청에 집중할 수 있도록 도와주는 것이다. 알고리즘에 의한 추천 방식은 대부분의 영상 콘텐츠 소비자라면 알고 있는 방식이다. 여기서 더 나아가 AI가 시청자에게 드라마 내용의 이야기를 어떻게 바꾸며 전개해 나갈지 선택권을 제공한 사례가 있다.

HBO는 미니시리즈 〈모자이크(Mosaic)〉를 방영하면서 시청자가 어떤 관점에서 이야기를 전개할지 선택할 수 있는 선택권을 모바일 앱을 통해 제공했다. 시나리오를 정하는 것은 작가나 감독의 영역이었으나 이제 시청자가 자신만의 시나리오대로 드라마를 전개하며 볼 수 있게 되었다. 인터랙티브한 방식의 영상 소비 형태는 앞으로도 활발히 연구될 것이며 현재의 선형적이며 획일화된 시나리오와 시청 습관에서 벗어나 더 다양한 형태의 방식으로 영상 콘텐츠가 소비될 것이다. 특히 광고에서는 이미 인터랙티브 무비나 드라마가 존재해 왔고 소비자의 특성이나 흥미에 따라 결과가 바뀌는 형태의 아이디어를 적용해 왔다. 광고하는 제품의 기능이나 디자인도 소비자의 취향을 따르듯, 광고 역시 소비자들의 참여와 선택으로 제품의 광고적 체험과 할인 쿠폰 등의 보상이 달라지는 인터랙티브 방식의 아이디어들을 통해 판매 방식과 더욱 결합된 광고 콘텐츠가 제작될 가능성이 보인다. 영상의 상영 단계에서도 AI 기술을 활용해 시청자의 반응을 분석하고 콘텐츠의 선호도를 파악해 향후 콘텐츠 제작에 활용하는 시도가 많아질 것이다.

디즈니 리서치(Disney Research)에서 개발한 'FVAE (factorized variational autoencoder)'는 소비자의 얼굴을 분석하여 감정을 판별하는 기술을 도입했다. 카메라를 통해 수집된 영화 관객의 표정을 포착하여 해당 콘텐츠에 대한 선호도를 빠르게 파악할 수 있게 된 것이다. 이처럼 AI는 이제 소비자가 선호하는 광고를 더 빠르게 분석하여 실시간으로 선보일 수도 있을 것이다. 소비자가 선호하는 배우나 인물을 등장시켜 나만의 콘텐츠를 생성하게 만들 수 있다. 이처럼 혼합 현실(mixed reality)이라는 것이 보편화되고 스마트 환경 안에 있다면 AI를 활용하여 새로운 미디어 콘텐츠 체험을 제공할 수 있을 것이다. AI기술의 발전은 곧 실시간으로 소비자의 니즈(needs)를 파악하여 즉시적인 솔루션을 제공하는 형태를 지향하며 발전해 나갈 것이다.

AI를 통한 브랜드와 제품의 기획

드라마나 영화 제작 이전에 시나리오를 통해 영상 콘텐츠의 흥행 여부를 미리 확인할 수 있었듯이, AI를 마케팅에 응용하자면 제품의 창작부터 소비자의 필요를 파악하고 분석하여 AI가 신제품 개발에 참여하게 될 것이다. 이미 LG에서는 AI 연구원이 출범하였고 LG 상품 개발 프로세스에 AI를 적용하여 혁신적인 사례를 만들어 가고 있다. 또한 최종 완제품과 각종 부품의 수요를 정확하게 예측하여 생산할 수 있게 함으로써 생산 자동화와 물류 최적화가 이뤄지고 있다. 제품의 생산 과정에서도 불량을 자동으로 분류하여 제품의 안정화된 생산을 돕고 데이터 증강 · 지속을 통해 품질 생산성을 높이는 일들이 이뤄지고 있다. 또한 일반적인 소비 제품을 넘어 의약 분야에서는 인간의 면역 체계를 분석하고 활용하여 인류가 치료하지 못한 암에 대해서도 항암 백신을 개발하고 있다.

교육과 서비스 분야는 어떠할까. 오프라인 서비스들은 온라인이나 가상 공간으로 전환되고 있고 디지털 휴먼(digital human)에 대한 필요성이 늘어가고 있다. 디지털 휴먼은 스스로 생각하고 말하며 감정을 표현하고 움직임이 가능한 AI 휴먼이다. 사람의 감정을 이해할 수 있기에 고객 상담이나 교육 강사, 쇼핑 큐레이터, 금융이나 법률 상담 등의 제공을 모두 AI가 대신하게 될 것이며, 이에 대한 전문성이 기술의 공유로 확대되어 갈 것이다.

또한 AI는 날씨에 따른 소비자 행동 패턴을 분석하여 광고를 만들어 판매를 증대시킬 수 있다. 맥도날드는 커피 판매를 위해 날씨에 맞는 광고 카피를 제작하여 날씨 앱에 노출했다. 그 결과 광고를 본 79%의 소비자가 3일 이내에 맥도날드 커피를 구매했다. 광고 영상 제작에 AI 모델이 사용된 사례가 있다. 글로벌 장난감 업체 토이저러스(Toys'R'Us)의 엔터테인먼트 제작 부문인 토이저러스 스튜디오는 영상 생성 AI 모델 '소라(Sora)'의 초기 엑세스 권한을 갖고 있는 크리에이티브 에이전시인 네이티브 포린(Native Foreign)과 파트너십을 체결하였다. 그리고 오픈 AI 동영상 생성 인공지능 모델 소라를 활용해 제작한 광고를 2024년 칸 라이언즈 페스티벌에서 선보였다. 토이저러스와 네이티브 포린은 어린 라자루스 창업자가 사업에 대한 아이디어를 떠올렸던 모습을 AI로 재현했는데, 이 광고 영상에서는 토이저러스의 마스코트가 된 기린 제프리(Geoffery the Giraffe)가 창업자의 꿈속에 나타났다는 내용이다. 이처럼 AI 모델이 광고에 출연하며 소셜 미디어상에서 독자적인 인기를 얻은 것을 보면 앞으로의 광고 모델에 대한 효율성도 AI 모델이 가져갈 것이다.

판매 증대를 위한 AI 디지털 마케터

디지털 광고 분야에서는 온라인 매출을 높이는 광고가 매우 활발히 진행 중인데, 이를 위해 현재 대부분의 온라인 광고를 퍼포먼스 마케팅으로 활용하며 판매가 일어나는 방법을 연구하고 있다. 이 방법을 토대로 소비자 관심에 대해 심층적으로 접근하고 창의적인 광고를 통해 광고 회피를 줄인다면 단순한 정보 전달보다 주목을 이끌어 내는 흥미 있는 광고가 가능해진다.

소비자가 접한 광고는 측정의 정교화를 통해 디지털 마케팅 활동과 온-오프라인(on-off line)의 관계성을 연구하며 발전하고 있다. 소비자의 데이터는 모바일과 신용카드의 결제 내역, 온라인 주문 내역과 오프라인 위치 추적 등 다양한 형태로 축적되어, 이를 바탕으로 AI가 마케터로서 개인화된 소비자 행동을 측정한 데이터(micro bigdata)와 빅데이터(bigdata)의 결합을 통해 소비자에 대한 이해의 강화를 이루어 냈다. 소비자의 욕구를 데이터로 분석하고 이를 토대로 상품을 기획하여 출시하며,

소비자가 제품이 필요한 때에 시기적절하게 광고와 영상 콘텐츠를 제작하여 노출한 후 판매로 연결할 수 있다. 이후 생길 수 있는 소비자 불만 사항이나 개선 사항을 체크하여 제품이나 서비스에 다시 반영하는 것이 자동화될 것이기에 AI야말로 진정한 마케터가 될 수 있을 것이다.

광고와 마케팅은 소비자 중심의 마케팅을 지속해 왔다. 소비자들이 원하는 시간과 장소에서 원하는 것을 취향에 맞춰 끊임없이 제공해 왔다. 그것을 가장 빠르고 효과적으로 추구할 수 있게 된 것이 바로 AI를 통한 광고와 마케팅이라 할 수 있다. 옥션과 페이스북코리아가 진행한 크리스마스 시즌의 '어서 옥션' 캠페인은 옥션이 보유한 소비자의 쇼핑 데이터를 토대로 연령과 성별, 취향에 따라 가장 선호하는 크리스마스 선물을 고른 후에 페이스북상에서 가장 많이 언급된 크리스마스 키워드를 골라 최적화된 광고 캠페인 영상을 제작하여 노출했다. 그 결과, 10대 소비자부터 60대 소비자에 이르기까지 23편의 광고 영상을 사전에 제작하여 소비자에 맞춰 광고를 노출했고 기존 캠페인 대비 30배 높은 반응을 이끌 수 있었다.

AI의 발전에 따른 광고와 영상의 숙제

무엇이든 발전이 있다면 그에 따른 우려도 발생한다. AI를 잘 활용하는 것은 중요하지만 이를 위해서는 기초 응용 연구 분야의 발전, 역량 강화를 위한 인간 교육, 그리고 윤리 준칙 수립이 필요하다.

인공지능 기술의 발전은 고용, 금융, 행정, 복지 등 사회 전반에 걸쳐 인간의 기본적인 삶과 인권에 영향을 미치고 있다. 그러나 이로 인해 피해를 보게 되는 이들은 인공지능의 도입 · 운영 · 결정 과정에서 의견 제시나 참여의 기회를 보장받지 못하고 있고, 인공지능에 의해 인권 침해나 차별이 발생한 경우에도 효과적인 권리 구제를 받을 수 있는 절차와 방법이 미흡한 상황이다. 이에 인권위는 인권적 관점에서 인공지능의 개발 · 활용 시 준수해야 할 기준을 마련할 필요가 있다. 이미 국제 사회는 인공지능 때문에 발생할 수 있는 문제를 예방하기 위한 제도와 지침을 마련하고 있다. 유엔은 인공지능 활용 시 인권 보호 장치를 마련하도록 여러 차례 권고하였고, 유럽연합 역시 안면 인식 인공지능 시스템 활용 금지, 인공지능 면접 시스템에 대한 고위험 등급 부과, 위험 단계에 따른 규제 수준 설정 등을 주요 내용으로 하는 「인공지능법」 초안을 공개한 바 있다. 현재 구체적으로 문제가 예상되는 것들 중 첫째는 AI의 실용적이고 편리한 제작 방법이 아직 저작권에 대한 부분에서 완전한 체계를 갖추지 못하고 있다는 점이다.

AI는 데이터의 학습과 가공을 통해 창조하기에 때로는 의도치 않게 표절이 될 수 있어 주의를 요하기도 한다. 또한 이런 문제가 발생했을 때에 광고 윤리나 법제에도 문제의 여지가 있다.

둘째로 윤리적인 책임에 대한 문제다. 아직 업계에는 AI의 독자적인 판단에 맡겨 광고와 영상의 제작물이 나오고 그것이 바로 소비자에게 전달 · 노출되는 형태는 경험하지 못했다. 하지만 앞으로의 광고 콘텐츠가 자동화된 방식으로 AI에 의한 직접 생산과 직접 노출이 이뤄지게 된다면 윤리적인 측면에서 문제가 발생했을 때 광고 심의 문제가 대두될 수 있다. 이 역시 AI가 학습된 기준에 의해서 광고 콘텐츠를 통제해야 될 것이긴 하지만 사회와 소비자에게 시행착오가 발생할 것으로 예측된다.

셋째로는 AI의 발전에 따라 산업적 측면에서 광고인이나 영상 제작자들이 소외될 수 있다는 우려다. 특히 기존에 사람의 전문성에 의존하며 발전해 온 산업은 AI가 편리하게 대체할 수 있는 부분이 많다. AI가 발달하면 발달할수록 실용적 접근에 의해서 많은 직업이 대체될 수 있다. 이를테면 AI가 지닌 광고 카피 능력이나 콘텐츠 시나리오 제작 능력에 의해 카피라이터나 작가들이 소외되고, 이미지 생성 능력에 의해 스토리보드 작가나 디자이너의 자리가 대체될 수 있다. AI가 주도하는 영상 제작 시스템의 발전에 의해 피디나 조감독, 로케이션 매니저 등 전문적인 영역에 속한 이들이 일자리 감소로 인해 소외될 수 있다. 그러므로 인공지능의 빠른 발전 속도만큼이나 우리 사회와 산업에 변화를 대비한 준비가 필요하며 이에 대한 대비가 충분히 이뤄졌을 때 AI가 주는 편의성과 혁신을 통한 산업의 발전도 안전하게 이룰 수 있을 것이다.

참고문헌

김승래·송인방(2024). 생성형 인공지능 챗GPT의 활용과 규제에 대한 법제검토. ≪집합건물법학≫, 49, 263-307쪽.

김활빈·박민아(2024). 생성형 AI 기술이 바꾸는 광고PR의 현재와 미래. ≪광고연구≫, 140, 118-148쪽.

이희복(2018). 인공지능과 광고 크리에이티브. ≪주간기술동향≫, 1904, 2-14쪽.

이구익

계원예술대학교 영상디자인과 교수(학과장)이며 성균관대학교 미디어문화융합대학원의 객원교수다. 고려대학교 영상문화학협동과정 박사과정을 수료했고 성균관대학교 커뮤니케이션대학원에서 광고홍보를 전공했다. 크리에이티브마스를 창업해 Chief Creative Officer로 다양한 광고 캠페인을 담당했으며 창업 전에는 세계적인 광고 회사 BBDO KOREA에서 디지털 크리에이티브 디렉터로 근무했다. 현재 교수 창업으로 ESG 중심의 콘텐츠와 프로젝트를 제작, 진행하는 이스터에그 프로덕션의 설립을 준비하고 있다. 세계 3대 광고제 중 하나인 뉴욕 페스티벌(New York Festivals) 디지털 부문 심사위원, 부산국제마케팅광고제(MAD STARS) 예선심사위원과 스피커, 에피어워드 코리아 본선 심사위원, 대한민국 대학생 광고대회 KOSAC 집행위원장을 역임했다. 수상 이력으로는 대한민국 디지털광고대상 금상, 캠페인 아시아 퍼시픽 금상, 뉴욕 페스티벌 파이널리스트, 아시아 퍼시픽 스티비 어워드 금상, 스위스국제광고제 파이널리스트, 부산국제마케팅광고제 파이널리스트, 대한민국 광고대상 특별상 등이 있다. 감독으로는 브라질한국영화제 단편영화 경쟁부문 진출, 서울국제어린이청소년영화페스티벌 봄빛상을 수상했으며 한국음원저작권협회 소속 작사가, 수필 작가, 경기국제미술협회 회원 등 다방면에 활동 중이다.

문지웅

계원예술대학교 영상디자인과 겸임교수다. 홍익대학교 영상커뮤니케이션대학원 영상디자인과 전공 "아나모픽 일루전을 활용한 디지털 옥외광고(DOOH)의 입체감 유형에 따른 시각적주의 연구"로 석사 학위를 받았다. 디지털 에이전시 디자인피버 영상조직 디렉터로 근무했다(2007~2023). UX/UI 전문 에이전시 리즘 인터랙티브 인터랙션팀 팀장으로 근무했다(2011~2012). 현재 언아더(ANOTHER)의 대표이자 크리에이티브 디렉터로 근무하고 있다. 삼성전자 갤럭시 언팩 행사 제품 소개 메인 콘텐츠의 영상 파트 디렉터로 참여했고(2016~2021), 이 외에도 MX 사업부, VD 사업부, DA 사업부·디자인 경영 센터 등에서 진행하는 프로젝트를 디렉팅했다. LG전자, HYBE, 렉서스, Supercell, 현대자동차 등 다수 프로젝트에도 참여했다. 2018/2022 Red Dot award Online Film winner를 수상했으며 2020 IF design award communication and Film Video, 2022 IF design award communication and branding 외 다수의 상을 수상했다.